コーパスで学ぶ
日本語学

日本語の文法・音声

[編] 丸山岳彦

[著] 丸山岳彦　佐野真一郎　茂木俊伸
　　 渡辺美知子　小磯花絵

朝倉書店

編 者

丸山岳彦　専修大学国際コミュニケーション学部 教授

著 者（執筆順）

丸山岳彦　専修大学国際コミュニケーション学部 教授
（第1章、第4章、第7章、付録1、付録2）

佐野真一郎　慶應義塾大学商学部 教授
（第2章）

茂木俊伸　熊本大学大学院人文社会科学研究部 教授
（第3章）

渡辺美知子　早稲田大学理工学術院総合研究所 招聘研究員
（第5章）

小磯花絵　国立国語研究所研究系 教授
（第6章、付録2）

（　）内は担当章

まえがき

2000年代に入って以降、様々なタイプの日本語コーパスが開発・公開され、利用者は自らの研究目的に沿ってコーパスを選択できるようになった。日本語研究の多くの分野でコーパスが利用される状況が生じ、コーパスに基づく日本語研究、すなわち「コーパス日本語学」の方法論は、一定の広がりと定着を見せていると言ってよい。

コーパスは、母語話者の内省でも把握できない言語の使用実態を浮かび上がらせることのできる、強力な言語資源である。しかしながら、コーパスは決して万能の道具というわけではない。コーパスを検索すれば知りたい情報がすべて手に入るとは限らず、使い方次第では誤った結果を導くことさえある。また、コーパスを検索した結果を分析者自身が加工して分析用データに整え直さなければならないことも多い。

そこで本書では、文法研究・音声研究を対象に、日本語コーパスを効果的に使うためのテクニックを解説する。コーパスを検索した結果をどのように加工し、どのように分析すればよいのか、一連の手順を学べるように構成した。

本書の第1章は、総説である。「コーパス」の定義や、コーパスを利用することの長所と短所を挙げた上で、文法研究・音声研究におけるコーパスの役割と、コーパスを利用した言語研究の可能性について述べる。

第2章では、「ら抜き言葉」を分析する手法を扱う。『現代日本語書き言葉均衡コーパス』および『名大会話コーパス』を検索し、「ら抜き言葉」の数量的な分布、年代変化、動詞の長さや活用型による違いについて、数量的に分析する。特に、「中納言」からダウンロードしたデータを自ら加工して利用する手順を追ってほしい。

第3章では、「コロケーション」をコーパスから検索する手法を扱う。『現代日本語書き言葉均衡コーパス』を検索し、「盗む」と「奪う」と共起するヲ格名詞にはそれぞれどのような意味特徴があるかを分析する。ここでも、Excel上でデータを加工・整理していく過程を学んでほしい。

第4章では、「文法形式のバリエーション」を分析する。接続助詞「けれども」の形態的なバリエーション、「ません」と「ないです」という丁寧体否定形のバリエーションについて、『現代日本語書き言葉均衡コーパス』『日本語話し言葉コーパス』を検索して分析する。また、得られた結果を「位相差」と関連

付けて解釈する。

第5章では、「話し言葉の非流暢性」として、フィラーの分布を取り上げる。使用頻度の高いフィラーは話者属性とどのように関係するか、フィラーがどのような位置でよく用いられるか、という問題を、『日本語話し言葉コーパス』を用いて分析する。「中納言」をより効果的に使うためのテクニックを身につけてほしい。

第6章では、「発音のバリエーション」を扱う。接続助詞「けれども」の発音を『日本語話し言葉コーパス』で検索し、発音のバリエーション（子音の脱落）に影響を与える要因を分析する。また、準体助詞「の」の撥音化について、前接語・後接語による音声学的な分析、スタイルの高低に関連付けた分析を行う。

第7章では、「話し言葉の経年変化」を取り上げる。1947年以降の「国会会議録」データを用いて、「形状詞＋な／なる」の使用数の変化を分析する。また、『昭和話し言葉コーパス』『日本語日常会話コーパス』を用いて、1950年代と2010年代の話し言葉における終助詞の使われ方の変化を探る。

付録1では、日本語コーパスの開発史を概観し、現在利用できる日本語コーパスを目録形式で紹介する。コーパスを利用する前提として参照してほしい。

付録2では、リレーショナルデータベースについて概説する。コーパスに付与されたアノテーションをより柔軟かつ高度に利用するためのテクニックとして、ぜひ挑戦してほしい。

なお、本文中、Excelによる分析手順を紹介する中で、可読性を高めるためにExcelの表示画面を表形式に組み直したものがある。適宜、読み替えていただきたい。

本書の読者には、単にコーパスを利用するテクニックを学ぶだけでなく、それによってどのような文法研究・音声研究が可能になるのか、という点を考えてほしい。コーパスは研究のための道具であり、研究対象そのものではない。むしろ、コーパスを通してどのような文法研究・音声研究を実践できるのか、という点を考えることが重要である。言語研究にコーパスをどのように利用するかは、利用者のアイディア次第である。よりよい分析方法を、利用者自身で見つけていってほしい。

2025年2月

編者　丸山岳彦

目　　次

第 1 章　コーパスでとらえる日本語の文法・音声 ……〔丸山岳彦〕… **1**
  1　コーパス言語学とは何か　1
  2　コーパス利用の長所と短所　2
  3　文法研究とコーパスの役割　5
  4　音声研究とコーパスの役割　13
  5　コーパスに対する「意味ラベル」のアノテーション　18
  6　コーパスを利用した言語研究の可能性　22

第 2 章　ら抜き言葉 ………………………………………〔佐野真一郎〕… **25**
  導　入　「ら抜き言葉」にはどのような特徴があるか　25
  例　題 1　ら抜き言葉は書き言葉・話し言葉でどう現れるか　26
  演　習 1　BCCWJ のレジスターごとの差を分析する　31
  例　題 2　ら抜き言葉の年代変化を調べる　32
  例　題 3　名大会話コーパスの男女差を分析する　36
  例　題 4　ら抜き言葉の動詞の長さによる違いを調べる　37
  例　題 5　ら抜き言葉の動詞の活用型による違いを調べる　40
  コラム　「れ足す言葉」　43

第 3 章　コロケーション ………………………………………〔茂木俊伸〕… **46**
  導　入　「心」は「盗む」ものか「奪う」ものか　46
  例　題 1　NLB を使って「盗む」と「奪う」のコロケーションを分析する　47
  演　習 1　NLB を使って「握る」と「摑む」のコロケーションを分析する　53
  例　題 2　「中納言」を使って「盗む」と「奪う」のコロケーションを分析する　53
  演　習 2　「中納言」で「結ぶ」と「繋ぐ」のコロケーションを分析する　60
  コラム　検索結果とコーパスの仕様　63

第 4 章　文法形式のバリエーション ……………………〔丸山岳彦〕… **65**
  導　入　「バリエーション」にはどのような種類があるか　65
  例　題 1　BCCWJ で接続助詞「けれども」のバリエーションを調べる　67
  演　習 1　接続助詞「が」を加えて再分析する　75
  例　題 2　BCCWJ で「ません」と「ないです」の分布を調べる　75
  演　習 2　話し言葉コーパスで再分析する　86

iv 目　　次

第5章　話し言葉の非流暢性 ……………………………〔渡辺美知子〕… 87

導　　入　「非流暢性」とは何か　　　　　　　　　　　　　　　　　　　　87
例　題1　話者属性と、使用頻度の高いフィラーとの関係を調べる　　　　89
演　習1　学会講演を検索する　　　　　　　　　　　　　　　　　　　　94
例　題2　フィラーが出現しやすい位置を調べる　　　　　　　　　　　　94
演　習2　節単位末近くのフィラーの出現率を調べる　　　　　　　　　100

第6章　発音のバリエーション ……………………………〔小磯花絵〕… 103

導　　入　「コミュニケーション」のバリエーションを調べる　　　　　103
例　題1　「けれど」のバリエーションを調べる　　　　　　　　　　　104
演　習1　「それ」のバリエーションを調べる　　　　　　　　　　　　111
例　題2　「の」の撥音化を調べる　　　　　　　　　　　　　　　　　111
演　習2　活用語尾の撥音化を調べる　　　　　　　　　　　　　　　　119
コ ラ ム　話し言葉のコーパスを用いて発音を調べる　　　　　　　　　120

第7章　話し言葉の経年変化 ………………………………〔丸山岳彦〕… 122

導　入1　「〜な」と「〜なる」の経年変化を捉える　　　　　　　　　122
例　題1　「国会会議録」で「形状詞＋な／なる」の出現状況を調べる　123
演　習1　SHCで「形状詞＋な／なる」の実態を調べる　　　　　　　139
導　入2　終助詞の経年変化を捉える　　　　　　　　　　　　　　　　140
例　題2　SSCとCEJCで終助詞の出現傾向を調べる　　　　　　　　140
演　習2　フィラーの経年変化を調べる　　　　　　　　　　　　　　　148

付録1　日本語コーパスの開発史と現状 ………………〔丸山岳彦〕… 151

1　日本語コーパスの開発史　　　　　　　　　　　　　　　　　　　151
2　コーパスを利用する際に前提となる情報　　　　　　　　　　　　153
3　日本語コーパスの現状　　　　　　　　　　　　　　　　　　　　154

付録2　リレーショナルデータベース概説 …〔丸山岳彦・小磯花絵〕… 170

1　RDBとは何か　　　　　　　　　　　　　　　　　　　　　　　170
2　CSJ-RDB利用環境の構築　　　　　　　　　　　　　　　　　　171
3　RDBの基礎とCSJ-RDBの構成　　　　　　　　　　　　　　　172
4　CSJ-RDBを利用した検索・集計の事例　　　　　　　　　　　　175

索　　引 ……………………………………………………………………… 181

第 1 章
コーパスでとらえる日本語の文法・音声

丸山岳彦

1. コーパス言語学とは何か

　言語学における基礎的な研究分野には、音声学、音韻論、文字・表記論、語彙論、形態論、統語論・文法論、意味論、語用論などがある。さらにその応用的な研究分野として、歴史言語学、対照言語学、言語類型論、社会言語学、心理言語学、教育言語学、コーパス言語学などが挙げられる。本書ではコーパスを使って日本語の文法・音声を分析する方法を紹介していくことになるが、これは「コーパス言語学」に分類される研究であり、同時に「文法論」「音韻論」に分類される研究でもある。以下では、本書の前置きとして、「コーパス」「コーパス言語学」の定義を確認しておこう。

　例えば「音声学」の目的は音声を研究することであり、「語彙論」の目的は語彙を研究することである。これに対して「コーパス言語学」の目的は、通常、「コーパスを研究すること」ではない。むしろ、「コーパスを使って、言語のさまざまな側面を研究すること」である。この点で、「コーパス言語学」という用語は、「実験音声学」などと同様、研究の方法論に対する名称であると言える。本書では、「コーパス」「コーパス言語学」という用語を、次のように定義しておこう。

- **コーパス**： 実際に使用された書き言葉・話し言葉の例を大量かつ組織的に収集してデジタルデータ化し、コンピュータで効率的に検索できるように構造化した言語資料
- **コーパス言語学**： コーパスを利用して、言語のさまざまな側面に関する使用傾向・使用実態を定量的に分析する方法論

　「コーパス言語学」はあくまでも研究の方法論を指すものであり、実際には言

語研究の多くの分野に適用することが可能である。例えば、コーパスを利用した音声学、音韻論、語彙論、文法論、意味論、歴史言語学、教育言語学などの研究が可能であり、すでに多くの実践例がある。言語学のさまざまな研究分野において、コーパスから大量の用例を検索・集計し、得られた結果を用いて定量的な観点から分析しようとする点、さらにその結果を一般的な言語現象として記述しようとする点に、コーパス言語学の特徴がある。

2. コーパス利用の長所と短所

　ここで注意しておきたいのは、「大量の言語資料を検索・集計して分析する」というコーパス言語学の方法論自体は、実際には古くから実践されてきたものであり、特に目新しいものではない、という点である。例えば、古典を対象とした伝統的な国語学においては、分析対象とする言語資料（言語作品）の内実を網羅的に調べ上げ、その言語的な特徴を明らかにするという方法が長く行われてきた。また、1948 年に設立された国立国語研究所における各種調査では、大量の言語資料（書き言葉・話し言葉）を収集し、そこに現れる用語・用字、文型、文法形式、イントネーションなどの悉皆的な調査が行われてきた。宮島（2007）の言葉を借りれば、「大量の例文をしらべることは、まさに言語学の王道」であり、そのような点を取り立ててコーパス言語学の特徴として挙げることは適切ではない。

　では、現代的な意味でのコーパス言語学、すなわち、コンピュータで大規模なコーパスを検索・集計・分析することの長所はどこにあるのだろうか。ここでは以下の 3 点を挙げておこう。

1) データの大規模性
2) 検索の速度・正確さ
3) 再現可能性

　1 点目の「データの大規模性」とは、現代のコーパスは概して大規模なデータ量を備えており、コーパスが普及する以前の状況と比べると、個人の研究者が扱えるデータ量が圧倒的に大きくなったということである。どれだけの語数があれば大規模と言えるかは場合によって異なるが、例えば本書の前半で中心的に扱う『現代日本語書き言葉均衡コーパス』（BCCWJ）は、さまざまなメデ

ィア・ジャンルから収集された1億語を超える巨大な分量のテキストを収録している。また、本書の後半で扱う『日本語話し言葉コーパス』（CSJ）は、661時間分もの録音資料を収録している。このように大規模なデータを収集して体系的に整備することは、研究者が個人的に実践できる範囲を大きく超えるものである。国立国語研究所のような公的研究機関によって大規模コーパスが構築・整備され、かつそれらが一般に公開され、誰でもが使える状態になっている現状は、現代のコーパス言語学を支えるインフラとして機能していると言える。

2点目の「検索の速度・正確さ」とは、大規模コーパスから言語現象を検索する際、コンピュータを適切に利用することによって、ごく短時間で極めて正確な検索ができるということである。1億語超のテキストデータや661時間分の音声データの中から、ある言語現象を漏れなく検索・抽出することは、コンピュータの利用なしには考えられない。研究用情報が組織的に付与された（アノテーションされた）コーパスを適切な方法で検索することにより、どれだけ大規模なデータであろうと、極めて短い時間で正確な検索結果を得ることができるのである。

3点目の「再現可能性」とは、コーパスを利用して行われた研究結果を、第三者が再現することができる、ということである。分析対象としたコーパス（一般に公開されているもの）と、その検索方法が明示されていれば、誰でも同じ方法によって同じ結果を得ることができるはずである。分析の再現可能性が客観的に保証されていることは、科学的な研究にとって極めて重要な条件である。

上記の3点は、コーパスが普及する以前の伝統的な言語研究の中では必ずしも確保されていなかった点であり、現代のコーパス言語学が持つ長所であると言ってよい。

一方、これとは反対に、言語研究にコーパスを使うことの短所として、よく批判的に指摘されることがある。例として、以下の2点を挙げておく。

1) 「非文」の非在
2) データの有限性

1点目の「「非文」の非在」とは、実際に使用された例ばかりを集めたコーパスには「非文」が含まれない、という指摘である。従来、コーパス言語学に懐疑的な立場からの批判として、「コーパスには非文が存在しない」ということが

言われてきた。1970 年代以降、生成文法の影響を受けた日本語の記述的文法研究では、文法的な文と非文法的な文（非文）の組み合わせを示し、その文法性判断を手掛かりとして文法記述を進める方法論がとられてきた。例えば、寺村（1971）は、

(1)　＊太郎は水が欲しい
(2)　　太郎は水が欲しかった

という 2 文の文法性を比較し、ル形述語の (1) は「感情表出のムード」を表すために主語は一人称に制限される（ゆえに (1) は非文となる）のに対し、タ形述語の (2) は「主張のムード」を表すために人称制限がかからない、と記述している（文頭の＊は非文であることを表す）。これは最小対（ミニマルペア）の比較によって文法形式の特性をあぶりだそうとする方法であり、母語話者の内省（文法性判断）に基づく実験的な研究手法と考えてよい。

　一方、現実の言語の使用例を収集したコーパスには、基本的には非文が含まれることはない。「「太郎は水が欲しい」という文は非文だ」のようなメタ的な用法や、誤字・脱字・衍字のような例は存在しうるが、(1) (2) で示すような最小対によって文法を記述するような方法論に、コーパスを積極的に導入しようとすることは難しい。

　2 点目の「データの有限性」とは、コーパスに収録される言語データは有限であり、そこに収録されている言語データがその言語の多種多様な変種を網羅的にカバーしているわけではない、という指摘である。BCCWJ にはさまざまな言語変種を含むメディア・ジャンルから 1 億語超のテキストが幅広く収録されているが、当然ながら、これらが現代日本語の書き言葉の全ての変種を内包しているわけではない。コーパスに含まれるデータ量が有限である以上、コーパスに収録されていない種類のテキストを分析することはできず、コーパスに含まれていない言語現象を発見することもできない。どれだけ巨大なデータであろうと、コーパスはあくまでも分析対象とする言語の一部を切り取った、断片的な集合に過ぎない、というわけである。

　このうち 1 点目について、これを短所と見るべきかどうかは、言語を分析する立場に依存すると言えるだろう。母語話者の言語知識を体系的に分析・記述しようとする立場や、生成文法をはじめとする理論的な文法研究を志向する立

場においては、母語話者の文法性判断を裏付けるための例文を作例する方が効率がよく、わざわざコーパスを使う必要はない。一方、大規模コーパスを利用した定量的な文法研究を志向する立場においては、コーパスに非文が含まれないこと自体は問題ではない。むしろ、後述するように、文法形式のゆれや言語形式のバリエーションがどのような出現傾向・数量的分布を示すのかといった定量的な分析は、内省で判断できるものではなく、コーパスを利用しなければ成立しえないものである。言語のどのような側面を、どのような立場、どのような方法で研究しようとするのかによって、コーパスの存在意義は全く異なるものになるわけである。

　また、2点目の問題は、コーパスを利用する上での基本的な姿勢に関わるものだと言える。コーパスの利用者は、当該のコーパスが収録する日本語の範囲はあくまでも限定的であることを常に意識しておく必要がある。その上で、各コーパスの詳細を知るために、ドキュメントを熟読し、そこに収録された言語資料の量、ジャンル、言語的特性などをあらかじめ正しく理解しておかなければならない。さらに、そのコーパスを分析した結果が日本語のどのような側面を明らかにしたものであるのか（逆に、どのような側面が明らかになっていないのか）について、意識的に考えなければならない（丸山・田野村、2007）。厳密に言えば、あるコーパスを検索・集計した調査結果は、あくまでもそのコーパスに収録された言語資料の範囲でのみ成立するものでしかない。しかしながら、コーパスを用いなければ発見・分析できない言語現象や使用傾向の特徴があることも、また事実である。当該の分析を進めるにあたり、コーパスを利用することの意義がどのようなところにあるのかということは、全てのコーパス利用者が強く認識しておくべきことである。

　以上のことを前提として、以下では、文法研究・音声研究におけるコーパスの役割について見ていこう。

3.　文法研究とコーパスの役割

3.1　記述的な文法研究とコーパス

　一口に文法研究と言っても、記述的な文法研究、理論的な文法研究、古典文法、方言文法、教育文法、文法の通時的変化など、さまざまな立場・方法論が

あり、コーパスの利用可能性も一様ではない。ここでは例として、現代日本語（共通語）の記述的な文法研究を取り上げ、コーパスの利用可能性について考えてみたい。

前述した通り、大量の用例を準備して、そこに現れる文法形式を子細に観察・分類・記述していく文法研究の方法論は、現代的なコーパスが登場する以前から実践されていた。国立国語研究所（1951）『現代語の助詞・助動詞』（執筆者は永野賢）は、1949年3月～1950年3月の新聞・雑誌から約4万8000例の助詞・助動詞を採集し、その用法を詳細に分類・記述したものであり、今でもなお見るべきところが多い。また、国立国語研究所（1972）『動詞の意味・用法の記述的研究』（執筆者は宮島達夫）は、文学、論説文や雑誌などからおよそ45万例の動詞を収集し、「意味特徴」のカテゴリーごとに動詞の用法を徹底的に分類・記述したものである。ここで使われた言語資料は、それまでに国立国語研究所が実施してきた語彙調査で作成された、膨大な数の「用例カード」であった。当時は「コーパス」という用語こそ使われていなかったものの、幅広いジャンルから大量の用例を集めて分析・集計用のデータとしていた点で、これらはデジタルデータ化される以前の「コーパス」を利用した研究であったと言ってよい。

これらの研究では、膨大な数の用例カードを検討・分類し、その結果を帰納的にまとめ上げていく、という方法論がとられた。その背景にあるのは、一人の母語話者が内省により想起できる言語現象には限界があり、一般的な言語現象は常にそれよりはるかに広い、という見方であったと思われる。『動詞の意味・用法の記述的研究』の中で、執筆者の宮島は「ある動詞にかかっていく目的語や修飾語としてどんなことばがくるかということは、とうてい思いだしつくせるものではない」（p. 8）と述べており、動詞の使われ方やその意味を個人の内省だけで網羅的に記述し尽くすことの限界を指摘している。宮島によるこの主張を端的に示す記述の例として、以下を引用しておく。個人の内省だけではカバーできない現象が存在することを知った上で、できるだけ幅広く用例を収集するために、大量の言語資料を利用した、ということが読み取れる。

　　意味の分析に、客観的に、用例を利用するといっても、いわば白紙の状態でいきなり用例にあたるとはかぎらない。国語辞典の説明をよみくらべて、

一応の分析をしてから用例にあたることも多いし、そうでなくても無意識のうちにある程度の予想はたてているものである。ところが、その予想に反する実例が1例でも見つかると、とたんに考えがぐらついて自信がなくなったり、あるいは自分の予想のちがいをただちに気づかされる、といったばあいがある。たとえば「むれる」「むらがる」という動詞については、最初、人間や動物についてしか使われないだろうと考えていた。ところが、実例にあたってみると、これに反するものがある。

○　二つの水の闇の三角の段丘に、椰子が群れてゐた。(野火 48)
○　かれらのゆく小径のまはりには、松の木のやはらかな草生のところどころに、赤いげんげの花が群がつて咲いてゐた。(潮騒 92)

「むれる」についてはまだ多少疑問があるが、「むらがる」については、あきらかに主観的な予想のちがいだったとみられる。

(国立国語研究所、1972：8)

　このように実例を重んじる姿勢は、国語辞典の編集過程における「用例収集」と並行して捉えることができる。それまでに見られなかった新しい語や新しい語義の出現、既存の語の新たな使われ方など、語の使われ方の推移は文法の推移よりも激しいが、これを辞書編集者個人の内省だけでカバーすることは不可能である。それゆえ辞書編集者は、常にさまざまな場面における言葉の使われ方を観察しながら、絶えず用例収集（ワードハンティング）を行っている。『三省堂国語辞典』の編纂者として知られる見坊豪紀が生涯に集めた用例採集カードは、約145万枚にもなったという。できるだけ幅広く収集した大量の用例を吟味・分類することにより、帰納的に語義記述を進めようとしたわけである。

　これと同じ事情は、記述的な文法研究でも考慮されて然るべきであろう。できるだけ幅広く大量の文法現象を収集する、という点において、前節でコーパスの長所として挙げた「データの大規模性」「検索の速度・正確さ」という2点は、文法記述における用例収集に極めて有効に働くものである。コーパスには個人の内省でカバーできる範囲を超える言語現象が多く含まれており、さらにそれらの数量的な分布や、特定の場面における言語変種の出現傾向（位相・レジスターによる差）も含めて記述の対象にできる点で、記述的な文法研究にお

3.2 バリエーションの分布1:「やはり」「やっぱり」「やっぱ」

　ここで、数量的な分布や位相差を含めた言語研究の例として、「バリエーション（変異形）」の分析を取り上げよう。ある言語において、意味的、機能的にほぼ等しい言語形式が複数存在する場合、それらはバリエーション、あるいは「ゆれ」と呼ばれる。バリエーションには、発音、アクセント、表記、語形、文法形式など多くの種類がある。例を挙げよう。

(3)　にわとりの ｛たまご／タマゴ／卵／玉子｝

(4)　｛やはり／やっぱり／やっぱ｝ お前が犯人か

(5)　もうこれ以上 ｛食べられない／食べれない｝

(6)　もっと ｛大きい／大きな｝ 声で話しなさい

　(3) は表記のバリエーションで、同じ〈たまご〉を書き表すのに複数の表記が存在する例である。(4) は語形のバリエーションで、〈矢張り〉という語が複数の形（語形）で実現する例である。(5) は文法形式のバリエーションで、一段動詞の可能形に2通りの形（いわゆる「ら抜き言葉」）が存在している例である。(6) は類義表現であり、よく似た意味を表すが品詞としては異なる語の組である。いずれの場合においても、ほぼ同じ、もしくは非常によく似た意味が表されていると考えてよい。

　では、意味的にほぼ等しいこれらのバリエーションは、実際にはどの形が最も多く使われるのだろうか。現代日本語の書き言葉・話し言葉において、どのような場面で、どの形が優勢になるのだろうか。ここで、(3)～(6) の各バリエーションのうち、どの形式がどのような場面で最も多く使われるかを予想してみてほしい。

　以下では、(4) に挙げた副詞「やはり」の語形のバリエーションについて考えてみたい。「やはり」「やっぱり」「やっぱ」という3種類の語形を比べてみると、「やはり」は比較的硬い文体・スタイルの中で、「やっぱ」は比較的くだけた文体・スタイルの中で、それぞれ使われやすい傾向にあると予測できるだろう。小磯ら（2020）は、3種類のコーパスを用いて副詞「やはり」の語形の量的な分布を調査している。検索対象としたのは、BCCWJ の「雑誌」「新聞」「白

書」「ブログ」「国会会議録」、CSJ の「学会講演」「模擬講演」、そして『日本語日常会話コーパス』（CEJC）モニター版で、各レジスターにおける出現数とバリエーションの分布を比較している。結果を図1.1に示す。

グラフの横軸は各コーパスのレジスターを示し、カッコ内の数値は100万語当たりの出現数（調整頻度）を表す。「白書」「新聞」「雑誌」「ブログ」は書き言葉に、「国会会議録」「学会講演」「模擬講演」「日常会話」は話し言葉にそれぞれ分類され、この順に「やはり」の比率が下がっていることが分かる。この結果をもとに、小磯ら（2020）は以下のように述べている。

> 書き言葉を見ると、最も改まり度の高い白書では「やはり」しか見られないのに対し、くだけたスタイルになるにつれ「やはり」が減少し、「やっぱり」を中心に「やっぱ」も含めて増える傾向が見られる。話し言葉でも同様に、改まり度の最も高い国会で「やはり」が多用され、徐々に「やはり」は減少し、「やっぱり」と「やっぱ」が増える。特に日常会話では「やはり」は一切見られず、「やっぱり」と「やっぱ」がほぼ半々となる。このように、書き言葉、話し言葉ともに、「やはり」類の語形の選択にスタイルの影響が強く見られることが分かる。　　　　　　　　　　　　　　　（pp. 28-29）

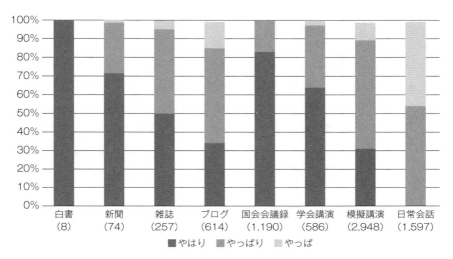

図 1.1 レジスターごとに見た副詞「やはり」の分布（小磯ほか、2020、一部改変）

「スタイル（言葉の改まり度）」によって「やはり」「やっぱり」「やっぱ」の出現に差が出るというのは、事前の予測の通りであった。そのような事前の予測を客観的なデータによって検証できたという点に、コーパスを使うことの意義がある。さらに、100万語当たりの出現数（調整頻度）を比べてみると、3種類の「やはり」は総体として書き言葉よりも話し言葉に多く出現していることが分かる。俗に「文語体」「口語体」と呼ばれる分類、すなわち、書き言葉的か話し言葉的か、という分類で考えれば、「やはり」は「口語体」に偏って使われる語であると言えるだろう。

3.3　バリエーションの分布 2：「大きい」「大きな」

もう一つ、(6) で挙げた「大きい」「大きな」という類義語の違いについて考えてみたい。形容詞である「大きい」には活用があり、連体修飾語、連用修飾語、述語として働くことができるが、連体詞である「大きな」には活用がなく、基本的には連体修飾語として働くだけである（例外的に、「顔の大きな男」のように連体節において述語の位置に来る場合がある）。ここでは、「大きい＋名詞」「大きな＋名詞」のように、名詞に前接して連体修飾を行う場合を分析してみよう。どちらもほぼ同じような意味を表すように思われるが、両者が修飾する名詞には、違いがあるのだろうか。

『明鏡国語辞典』（第三版）には、「大きい」「大きな」の使い分けに関して、以下のような記述がある。

> 「大きな」は連体用法しかなく、「大きい／大きな 木」など、具象名詞の形容では入れ替えが自由にきく。抽象度の高い「大きな事件が起こる」「大きな問題を抱える」「大きな成功を収める」「大きな感銘を受ける」では「大きな」が優勢。慣用句的な「大きな態度（顔）をする」では、「大きな」の方が圧倒的に優勢。「大きなお世話だ」のように「大きい」とは言えないものもある。
> (p. 207)

また、三枝 (1996) は「大きい」と「大きな」、「小さい」と「小さな」の用例を収集して比較し（例えば「大きい」は1013の用例が集められている）、「い形」は形式名詞を修飾する場合が多く、具象名詞が続く場合には空間関係を表す語が多いこと、また「な形」は抽象名詞を修飾する場合が多いこと、などを

記述している。

　以下では、これらの記述をBCCWJで検証してみよう。「大きい＋名詞」と「大きな＋名詞」とでは、どちらの出現数がどれだけ多いだろうか。また、それぞれの名詞の位置には、どのような名詞が現れているだろうか。

　ここでは、コーパス検索アプリケーション「中納言」を用いて検索を実施する。中納言にログインし、検索対象としてBCCWJを選択する。「短単位検索」から検索条件を図1.2、図1.3のように設定し、「検索結果をダウンロード」ボタンを押すと、「大きい」の連体形、および「大きな」に名詞が後続する用例を検索することができる。

　ダウンロードされたCSVファイルをExcelで開き、「語彙素」の列をピボットテーブルで集計すると、「大きい」「大きな」に後続する名詞のリストを得ることができる。表1.1にそれぞれの上位20位までを示す。

　表1.1でまず目につくのは、「大きい＋名詞」「大きな＋名詞」の総出現数の違いである。前者は4012、後者は2万9240であり、実に7倍以上の開きがある。

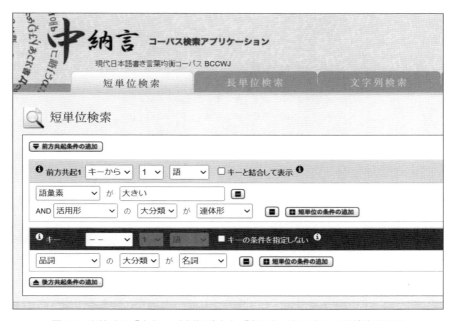

図1.2　中納言で「大きい（連体形）」と「名詞」の組み合わせを検索する例

図 1.3 中納言で「大きな」と「名詞」の組み合わせを検索する例

表 1.1 BCCWJ で「大きい」「大きな」に後続する名詞のリスト（上位 20 位）

「大きい」+ 名詞 （総数 4,012）				「大きな」+ 名詞 （総数 29,240）			
物	480	時	47	影響	1,165	差	260
事	395	子	38	問題	941	意味	259
方	195	会社	25	声	910	要因	244
為	151	順	24	物	607	特徴	230
場合	90	問題	20	役割	499	被害	218
所	60	筈	20	変化	482	目	197
サイズ	60	企業	20	違い	389	原因	186
声	57	時期	18	課題	341	理由	160
人	57	奴	16	音	293	成果	146
訳	52	車	16	力	271	社会	146

　両者の出現数にこのような大きな差があることを、事前に予測できただろうか。三枝（1996）は「体言に連なる場合を比べてみると、「な形」が「い形」の倍近く使われていることがわかる。ところが、我々には日頃「い形」よりも「な形」を多く使っているという自覚があまりない」（p. 98）と述べ、同様の傾向を報告している。母語話者の内省では極めて気付きにくい類義表現の数量的な違いが、コーパスの検索・集計によって明らかになった例だと言えるだろう。

　さらに、表1.1 を見ると、「大きい」に続く名詞は「物、事、方、為、場合、

所、サイズ、声、人、訳」という順となっており、特に「物」「事」「方」「為」で全体の約3割という大きな割合を占めている（実際には「もの」「こと」「ため」という表記で出現する場合が大半である）。これは、三枝（1996）による「「い形」は形式名詞を修飾する場合が多い」という観察結果と符合する。一方、「大きな」に続く名詞は「影響、問題、声、物、役割、変化、違い、課題、音、力」という順で、抽象名詞が大半を占める。上位20位までを見ても、「目」を除けば、具象名詞は一切現れていない。これらの結果は、『明鏡国語辞典』で記述されていた、「抽象度の高い名詞では「大きな」が優勢」という記述を数量的に裏付けるものであると言える。

4. 音声研究とコーパスの役割

4.1 音声研究とコーパス

　次に、音声研究におけるコーパスの役割について見ていこう。大量の音声（話し言葉）を録音して定量的な日本語研究に用いるという方法論の源流は、やはり、1950年代の国立国語研究所にまで遡ることができる。当時出回り始めていた可搬型のオープンリール型録音機（いわゆる「デンスケ」）を使い、日常のさまざまな場面における会話を録音し、それらを書き起こした上で、話し言葉の言語的な特徴が分析された。『談話語の実態』（1955年）、『話しことばの文型（1）（2）』（1960年、1963年）といった報告書にまとめられた研究成果を見ると、30時間分の録音資料をもとに、話し言葉のイントネーション、文の構造、表現意図、構文、文型などが総合的に記述されている。コンピュータのない当時、分析用の資料は全て紙カードの上に記録されており、「カード型データベース」として運用されていたようである。

　1990年代以降、音声言語処理（音声認識・音声合成）の研究・開発を目的とした「音声データベース」がいくつか開発されてきた。しかしながら、その大半は朗読音声であり、日常の自然な（自発的な）話し言葉の言語学的な分析に適したものではなかった。これに対して2004年、国立国語研究所を中心にCSJが開発され、一般に公開されたことにより、661時間・752万語分という大量の自発的な話し言葉（主に独話）が分析できるようになった。さらに2022年、やはり国立国語研究所でCEJCが開発・公開され、200時間分の日常会話が映像

付きで公開された。これにより、独話と会話という2種類の話し言葉の大規模コーパスが出そろったことになり、話し言葉をより多角的に分析できる基盤が整った。

コーパスを用いて話し言葉に見られる特徴を定量的に分析しようとする研究は、音声学や音韻論だけでなく、語彙論、文法論、社会言語学、会話分析の手法による研究、非流暢性の心理言語学的な研究など、多岐にわたる。さらに、音声認識・音声合成の技術開発における学習データとしての利用など、幅広い応用可能性を持つ。

以下では、話し言葉コーパスを利用した分析の事例をいくつか見ていこう。

4.2 バリエーションの分布3：「自転車」の発音

ここでは発音のバリエーションの分析の例として、「自転車」という語の発音について考えてみよう。「自転車」は「ジテンシャ」と発音するのが通常だと思われるが（平板式と中高型の2通りのアクセントがあるが、それはここでは問わない）、実際の話し言葉ではどのように発音されているだろうか。

「中納言」でCSJ、CEJCそれぞれから「自転車」を検索し、その発音を検索・集計してみると、表1.2のような結果が得られる。

標準的な「ジテンシャ」という発音が60〜70%である一方、「ジデンシャ」と「テ」が濁音化する場合が20〜40%という結果となった。「ジデンシャ」という発音をどれだけ許容するかは人によって異なると思われるが、少なくとも2つの話し言葉コーパスを検索した限りでは、「自転車」の発音の2〜4割を「ジデンシャ」が占めるというのが、実際の発音の実態であるということになる。こ

表1.2 CSJ・CEJCに記録された「自転車」の発音

CSJ			CEJC		
ジテンシャ	340	71%	ジテンシャ	89	58%
ジデンシャ	112	23%	ジデンシャ	60	39%
チテンシャ	10	2%	ジデンシャー	2	1%
ジテンシャー	6	1%	ジシャ	1	1%
その他	13	3%	ジテンシャー	1	1%
総計	481	100%	総計	153	100%

表 1.3 CSJ・CEJC に記録された「全員」の発音

CSJ			CEJC		
ゼーイン	203	61%	ゼーイン	146	72%
ゼンイン	117	35%	ゼンイン	33	16%
ゼイン	8	2%	ゼーン	13	6%
ゼンイ	4	1%	ゼイン	6	3%
総計	332	100%	その他	6	3%
			総計	204	100%

れらは、単なる発音誤りというレベルを超えて、発音のバリエーションとして一般的に広まっているものと見ることができるだろう。

また、正確に発音することが難しい語の場合にも、発音にゆれが生じることが多い。例えば、「全員」という語は日常的によく使われる語であるが、きちんと「ゼンイン」と発音できているだろうか。CSJ、CEJC を検索・集計すると、表 1.3 のような結果が得られる。

「ゼンイン」と発音できている例はそれぞれ 35%、16% に過ぎず、過半数は「ゼーイン」という発音になっている。普段は気付かないが、「ゼンイン」と正確に発音することは、実は難しいのである。同様に、「店員」は「テーイン」、「会員」は「カーイン」、「雰囲気」は「フインキ」などの形で発音されることが多い。「体育」「唯一」「手術」「シミュレーション」「コミュニケーション」などの語にはどのような発音のゆれがあるか、それらはどのような比率になっているか、考えてみてほしい。

4.3　非流暢性の分析

話し言葉が書き言葉と本質的に異なる点の一つとして、「実時間性」という性質を挙げることができる。書き言葉の場合、時間をかけて執筆・編集し、推敲を経て確定させることができるのに対して、話し言葉の場合は、その場で即興的に発話すべき内容を考え、それを適格な言語形式に組み立て、順送りに発話し続けなければならない。この点において、話し言葉は、実時間内に行われる一回的な行動であると言える（丸山、2024）。

話し言葉が持つこのような性格によって、実際の発話はしばしば「非流暢」

になりがちである。発話産出の過程において、流暢な発話産出が何らかの要因で阻害された場合に、「非流暢性」が発生する。その例として、「沈黙」「言い誤り」「発音エラー」「語断片」「発話の中断」「語の選択誤り」「語順・話線の混乱」などのトラブルが挙げられる。さらに、トラブルが発生したことを（あるいは、発生しそうなことを）検知した話し手は、何らかの方略によって即座に対処する。そこで出現するのが、「フィラー」「引き延ばし」「間投助詞」「言い直し」「繰り返し」「置き換え」「追加」「挿入」などの現象である。

　アナウンサーやナレーターによる原稿の朗読や、入念にリハーサルされた暗唱などを除けば、日常の発話はしばしば非流暢になる。CSJ から例を挙げよう。なお、/ は 0.2 秒以上のポーズを、/p = 1.233 は 0.8 秒以上のポーズ（数値はポーズの持続長）を、(F**) はフィラーを、(D**) は語断片を、<H> は母音の引き延ばしを、それぞれ表す。

(7)　(F えーっとですね)/ 帯状疱疹というのは /(F あのー)/p = 1.233 水ぼうそうのウイルスによって起こる病気で /(F えー)/ 大概小さい頃に水ぼうそうをやった人は必ず (F あの) 体の中に / 体の中のどこかに / 水ぼうそうのウイルスというのが残っていて / で <H>(F え) ストレス <H> だとか後 <H> 凄い極度の疲れとかによって / 突然 (F その一) 水ぼうそうのウイルスがまた暴れ出して /(F あのー)/ 発病するというものなんですが /p = 0.818 水ぼうそうの時にできる (F あのー) 水疱 / を伴ったぶつぶつ /p = 0.863 じんま疹みたいなぶつぶつが /(F え) 突然できるんですけれども /(F えー)/ 私の場合はですね <H>/(F えー)/ (F あの)/ 首の後ろの脊椎 / に /(F え) ウイルスが残っていて / ちょうど首の / この /p = 0.95 部分に /p = 2.149 ここから /(F えー) (D な) 首胸の上から顔の顔までの間に出る / ということで /(F えー)/ 体の <H> ですね大体片側 / の限られた部分に /(F えー)/p = 0.898 その発疹が / 出る / 病気です

　(7) は、「帯状疱疹」がどのような病気かについて説明をしている発話である。発話開始時において、話し手は「帯状疱疹というのは〜という病気です」という大まかな構造を想定した上で発話を開始したはずである。しかしながら、途中で逡巡したり、背景となる知識を補足したり、具体的な症状を説明したり

第 1 章　コーパスでとらえる日本語の文法・音声　　*17*

することによって、連綿と続く長い発話が形成されている（このような構造は
「多重的な節連鎖構造」と呼ばれる。丸山（2014）を参照）。

　また、この発話にはさまざまな非流暢性が現れている。例えば、フィラー
（「（F えー）」「（F あのー）」）や、引き延ばし（「で <H>」「ストレス <H>」）、比
較的長いポーズ（1.233 秒、2.149 秒）などが、発話の至るところで発生してい
る。また、「体の中に」は、それを発話した直後に言い直す必要があると話し手
自身が気付き、直後に「体の中のどこかに」という形に言い直されている。同
様に、「水疱を伴ったぶつぶつ」は、0.863 秒のポーズを置いて「じんま疹みた
いなぶつぶつ」と言い換えられている。さらに、「この部分に」は、「ここから
（F えー）（D な）首胸の上から顔の顔までの間に」という具体的な説明に置き
換えられている（この中ではさらに、「首」が「胸」に、「顔の」が「顔までの」
に、それぞれ言い直されている）。

　これらの非流暢性はいずれも、話し言葉が持つ「実時間性」という性質の影
響を受けたものと考えられる。実時間内に言語形式を次々に構築して順送りに
産出していかなければならないという状況に話し手のスムーズな発話産出処理
が追いつかない場合、話し手はフィラーや引き延ばし、ポーズなどで時間を稼
いだり、一度発話した内容をより適切な形で言い直したり、情報を補足して繰
り返したりすることによって、トラブルに対処しているものと考えられる。

　ここで重要なのは、我々がどのように非流暢に話しているかは、内省で判断
することができない、という点である。日常の話し言葉の中で、自分自身がど
の形のフィラーをどれだけ発しているか、内省で正確に判断できる人はいない
であろう。現実の話し言葉を客観的に分析するためには、話し言葉コーパスの
利用が欠かせないわけである。

4.4　アノテーション

　ただし、非流暢性には、コーパスですぐに検索・集計できるものと、そうで
ないものがある。CSJ の場合、フィラーには（7）に示したようにタグが付いて
おり、さらに「中納言」で「感動詞–フィラー」として検索することができるの
で、容易に検索・集計することができる。一方、「体の中に、体の中のどこか
に」や「首、胸の上から」のような言い直しは、コーパス内でその範囲が同定・
タグ付けされていないため、検索することができない。このような場合には、

分析者自身がコーパスに対して研究用情報を付与（アノテーション）する必要がある。

例として、CSJ に対して言い直しをアノテーションすることを考えよう。この場合、国立国語研究所から CSJ の有償版を入手し、データ全体を手元に準備する。ここに含まれる「転記テキスト」を作業用にコピーし、音声を聞きながらテキストを読み、言い直しを発見したらその範囲にタグを付与する。ここでは、丸山（2008）に従って、

　　{ 被言い直し部 | 中断部 | 言い直し部 }

というタグによって言い直しの範囲を同定することにする。例えば、「（F えー）黒い（F あー）失礼 青い 丸 は」という言い直しの例は、以下のようにタグ付けされることになる。

　　（F えー）{ 黒い |（F あー）失礼 | 青い } 丸 は

（7）のうち、「体の中に、体の中のどこかに」という言い直しの範囲は、次のようにタグ付けされる。

（8）　…必ず（F あの）{ 体の中に || 体の中のどこかに } 水ぼうそうの…

あるいは、転記テキストが語の単位（短単位）に解析された「短単位データ」を Excel に読み込み、そこに言い直しの範囲を同定するタグを付与してもよい（図 1.4 の C 列が該当する）。

5.　コーパスに対する「意味ラベル」のアノテーション

4.4 で見たように、あるコーパスにおいて当初から提供されているアノテーションの情報は限られたものであり、分析の目的に応じて、独自のアノテーションを実施しなければならない場合も多い。そのような場合、分析者自身が定義した基準によってアノテーションを実施して、独自の分析用データを得ることになる。そこで必要になるのは、アノテーションの基準と方法の策定である。

その一例として、多義語である「高い」という形容詞に対して、その意味を区別するラベルをアノテーションする、という例を考えてみよう。『デジタル大

第1章　コーパスでとらえる日本語の文法・音声　　*19*

	A	B	C	D	E
1	TalkID	SUWMorphID	TAG_SR	Orthographic	SUWPOS
85	S00F0210	000350891L		必ず	副詞
86	S00F0210	000357271L		(F あの)	感動詞
87	S00F0210	000360061L	{	体	名詞
88	S00F0210	000364091L		の	助詞
89	S00F0210	000365431L		中	名詞
90	S00F0210	000368681L		に	助詞
91	S00F0210	000374341L	||	体	名詞
92	S00F0210	000377001L		の	助詞
93	S00F0210	000378111L		中	名詞
94	S00F0210	000380381L		の	助詞
95	S00F0210	000381611L		どこ	代名詞
96	S00F0210	000384051L		か	助詞
97	S00F0210	000385821L		に	助詞
98	S00F0210	000392231L	}	水	名詞
99	S00F0210	000394241L		ぼうそう	名詞
100	S00F0210	000397741L		の	助詞

図 1.4　Excel の上で短単位データに言い直しのタグを付
与する例

辞泉』によると、「高い」の意味は以下のように分類・記述されている（2022
年 10 月 1 日閲覧、一部抜粋）。

1 ㋐物が、地面などの基準になるところから、かなり上の位置にある。「日
　が―・い」「手を―・く上げる」⇔低い。

　　㋑垂直方向への伸びぐあいが大きい。基準となる面からの出っ張りが大
　きい。「―・く積み上げる」⇔低い。

2 ㋐声量が大きい。また、音声の振動数が多い。音域が上である。「―・い
　音の出る楽器」⇔低い。

　　㋑広く知れわたっている。「名声が―・い」「悪名が―・い」

3 ㋐物事の程度が他よりも上である。また、水準よりも上である。「教養が
　―・い」「格調―・い作品」⇔低い。

　　㋑目標などがりっぱである。高邁・高遠である。「志が―・い」「プライ
　ドが―・い」⇔低い。

4 ㋐数値が大きい。また、度合いが大きい。「―・い点数」「温度が―・い」
　⇔低い。

④金額がかさむさま。また、ある金額に占める割合が大きいさま。「―・
く売れる」「税金が―・い」⇔低い／安い。

5　他人を見下すさま。おごりたかぶるさま。多く「お高い」の形で用い
る。「お―・い人」

この記述に従い、以下では「高い」の意味を「1⑦」〜「5」の9種類に分け
て、コーパスに出現した「高い」の事例に「意味ラベル」を付与することを考
える。

「中納言」でBCCWJのうち「出版・書籍 コア」「出版・雑誌 コア」「出版・
新聞 コア」を対象に、「書字形出現形」が「高い」の用例を検索し、結果を
Excel で開いた。そこに F 列「意味ラベル」を挿入し、文脈を参照しながら、
それぞれの「高い」の意味として最も近いものを9種類の中から選択し、意味
ラベルとして F 列に入力した（図1.5）。この結果を集計したところ、表1.4 の
ような結果を得た。

メディアによって差はあるが、いずれの場合も「3⑦」「4⑦」の意味で使わ
れている例が多く、逆に「2⑦」「5」の例は皆無、という結果になっている
（データ量を増やすことで、「2⑦」「5」の用例も出現する可能性はある）。分析
者自身の手で、コーパスに対して独自の意味ラベルを付与することによって、
多義語における語義の分布を知ることができた、ということになる。

なお、コーパス言語学の先進国であるイギリスでは、多くの英語辞書、英語

	A	D	E	F	G	H	I
1	サンプルID		前文脈	キー	意味ラベル 後文脈	語彙素読み	語彙素
2	PN4f_00014	な|引き受け|では|ない|です|ね。|#	|高い	4⑦	|経済|成長|が|終わった|日本|社会|では|は、	タカイ	高い
3	PN3f_00010	る|見通し|が|強まっ|た。|	|高い	4⑦	|死産|率|の|原因|が|解明|でき|ない|まま	タカイ	高い
4	PN4c_00016	いう|#関税|削減|の|方法|と|して|は|、	|高い	4⑦	|関税|率|の|品目|の|関税|を|大幅|に|削減|する	タカイ	高い
5	PN4c_00018	者|は#|「同じ|広さ|の|敷地|でも|、	|高い	1④	|建物|を|建てれ|ば|テナント|料|収入|など|が	タカイ	高い
6	PN5c_00004	スタニ|師|の|投票|呼びかけ|も|あり|、	|高い	4⑦	|投票|率|が|予想|さ|れる。|#|だ|が、|治	タカイ	高い
7	PN4c_00012	期間|で|の|集中|処理|の|実行|と|いう|が	|高い	4⑦	|ハードル|を|自ら|課す|形|と|なっ|て|いる	タカイ	高い
8	PN5a_00003	活|に|関係|する|もの|の|中|で|効果|が	|高い	3⑦	|と|さ|れる|施策|が、|経産|省|の|「トップ	タカイ	高い
9	PN4e_00015	一次|産品|の|ふるさと|小包|の|人気|が	|高い	3⑦	|北海道|は、|もともと|ゆう|パック|が|強い	タカイ	高い
10	PN3d_00006	の|は|すべて|制球|ミス。|#勝負|球|が	|高い	1⑦	|」|と|評した。|#三沢|が|打た|れ|た|スラ	タカイ	高い
11	PN2c_00006	男性|は|女性|より|重視|する|割合|が	|高い	4⑦	|ため|だ。|#「|玲子|さん|に|は|話し|て|い	タカイ	高い
12	PN1a_00005	に|移さ|れ|て|いく。|#保育|の|水準|が	|高い	3⑦	|公立|並み|に|そろう|の|で|は|なく、|引き	タカイ	高い
13	PN5a_00012	ウス|で|栽培|する|ほう|が|生産|性|が	|高い	3⑦	|こと|は|知っ|て|いる|が、|やはり|雨風|に	タカイ	高い
14	PN5a_00003	製品|へ|の|買い替え|は、|確実|性|が	|高い	4⑦	|と|いわ|れる。|#渋滞|緩和|で|百|五十|万	タカイ	高い
15	PN1a_00020	に|貯蓄|に|回し|て|しまう|可能|性|が	|高い	4⑦	|。|一方|い、|消費|性向|（所得|に対する|消	タカイ	高い
16	PN3d_00023	を|走ら|せ、|自殺|し|た|可能|性|が	|高い	4⑦	|と|いっ|て|調べ|て|いる。|#|調べ|で|は、	タカイ	高い
17	PN4f_00012	と|絞め|て|窒息|死|さ|せ|た|可能|性|が	|高い	4⑦	|。|二人|は、|千葉|県|に|住む|■■|さ	タカイ	高い

図 1.5　多義語「高い」の各事例に意味ラベルを付与した結果

表 1.4 BCCWJ における「高い」の意味
ラベルの分布

ラベル	書籍		雑誌		新聞	
1 ⑦	8	16%	0	0%	3	4%
1 ⑦	1	2%	3	5%	3	4%
2 ⑦	0	0%	0	0%	0	0%
2 ⑦	1	2%	4	7%	2	3%
3 ⑦	18	37%	19	35%	10	13%
3 ⑦	2	4%	0	0%	4	5%
4 ⑦	12	24%	21	38%	46	61%
4 ⑦	7	14%	8	15%	7	9%
5	0	0%	0	0%	0	0%
総計	49	100%	55	100%	75	100%

学習者用辞典、文法書などが「コーパス準拠型」となっており、膨大なサイズのコーパスをもとに辞書・文法書の編纂が行われている。コーパス準拠型の辞典においては、それぞれの語や語義に頻度情報が提供されるほか、頻度の高い語義から順に配列されている場合も多い。日本国内で出版されている英和辞典においても、『ランダムハウス英和大辞典』や『ウィズダム英和辞典』などではコーパス中の頻度順で語義が配列されている。文法書の場合も、ある文法形式の頻度情報や、使用されやすい場面・状況など、コーパス中の頻度情報を利用した文法記述が行われている。

　表 1.4 を見ると、『デジタル大辞泉』における「1 ⑦」～「5」の語義の配列は、コーパスにおける出現数の多寡と対応していないことが分かる。日本においても、国語辞典の編纂にコーパスをどのように利用するかは、今後の辞典編纂の課題であろう（現時点では唯一、『現代国語例解辞典』〔第 5 版〕が BCCWJ の検索結果を積極的に取り入れた編纂を行っている）。今後の語法・文法研究や、それをまとめた辞典・文法書の編纂においては、コーパスの活用が必須である。その際、どのような言語形式に対してどのようなアノテーションを施すか、その方法論と基準が問われることになるだろう。

6. コーパスを利用した言語研究の可能性

　以上、本章では、コーパス・コーパス言語学の定義と、その方法論の長所・短所、文法研究・音声研究におけるコーパスの役割について、具体的な分析の事例を交えながら概観してきた。最後に、コーパスを利用した言語研究の可能性と課題についてまとめておきたい。

　コーパスを用いた文法研究の例として、本書では、ら抜き言葉（第2章）、コロケーション（第3章）、文法形式のバリエーション（第4章）が挙げられている。これらはいずれも、書き言葉コーパスからある文法形式（の組み合わせ）の事例を抽出し、その数量的な分布を明らかにしようとするものである。また、音声研究の例として、話し言葉の非流暢性（第5章）、発音のバリエーション（第6章）が取り上げられており、それらが使用されやすいジャンルや、使用者（話し手）の属性との関わりが検討されている。さらに、複数のコーパス群を組み合わせることによって、時代の経過による言葉の変化（経年変化）を探ろうとする分析の事例も取り上げられている（第7章）。これらはいずれも、コーパスがなければ明らかにしようがない言語の使用実態を把握して、言語現象を量的な側面から分析・記述しようとするものであると言える。

　言うまでもなく、コーパスを用いた文法研究・音声研究の研究トピックには、本書で扱った事例以外にも実に多くの可能性が考えられる。また、コーパス自体も多様化してきており、歴史コーパスや方言コーパス、学習者コーパスなど、多種多様なコーパスが構築・公開されている。さらに、国立国語研究所のような公的機関だけでなく、研究者個人がコーパスを構築して公開するという動きも進んでおり、今後ますます多くのコーパスが利用できるようになるのは確実である。コーパスを利用した言語研究の可能性は分析者のアイディア次第であり、最新の研究成果を追いつつ、どのようなコーパスをどのように使えば面白い分析ができるのか、柔軟な視点で考えることが重要だろう。

　最後に、今後のコーパス言語学で課題となる点について挙げておきたい。以下では、「アノテーションのガイドライン整備とコーパス利用のテクニック」「コーパス言語学が目指すべき方向性」という2点について述べる。

　まず、1点目の「アノテーションのガイドライン整備とコーパス利用のテク

ニック」について述べる。コーパスに対するアノテーションの重要性は先述した通りだが、現在のところ、どのような言語現象に対してどのような形でアノテーションを実施すればよいかについて、一定の共通理解や枠組みが存在しない状況である。各研究者がアノテーションを実施した結果を一般に公開すると、分析の再現性が保証され、それを使った二次的な分析にもつながるが、それぞれ仕様の異なるアノテーション結果が乱立する状態になることは好ましくない。アノテーションの方法に関するガイドラインや、汎用のアノテーションツールが整備され、ある程度共通した仕様に基づくアノテーション情報が流通する状態が望ましいと考えられるが、これは今後の課題であろう。

　また、コーパスを利用するテクニックがどの程度共有されるか、という点についても課題が残る。例えば文法論において、「おそらく彼は来ないだろう」のように、文頭の副詞（この場合は「おそらく」）と文末のモダリティ（「だろう」）がどれくらい呼応しているかを数量的に分析する、という事例を考えよう。このように離れた位置にある要素間の関係を検索するには、係り受けの情報が必要になる。BCCWJ や CSJ には、係り受け解析の結果をアノテーションしたデータが公開されているが、誰でもが使いやすいデータ形式になっているとは言い難い。データを使いこなすためのテクニックの教育や、誰でもが使いやすい検索インターフェイスの開発などが、今後の課題となるだろう。

　次に、2 点目の「コーパス言語学が目指すべき方向性」について述べる。2000年代以降、多種多様な日本語コーパスが整備・公開されてきた結果、利用者は自分の研究目的に合ったコーパスを選んで利用することができるようになった。分析に用いる言語資料を人の目と手で集めていた 1990 年代までの状況からすると、隔世の感がある。今後もコーパスの開発・拡充の流れは続き、利用者はより多様なコーパス群の中から自分が必要とするコーパス（群）を選ぶという状況がますます広がっていくと考えられる。

　ここで（再）確認しておきたいのは、コーパスを用いて言語を分析する「目的」である。ある言語形式の数量的な分布がコーパスの検索から得られたとして、その結果を示すだけでは、当該の言語現象を説明したことにはならない。無論、ある言語形式と別の言語形式の数量的な違いが明らかになったことは一つの成果であるが、それを文法研究・音声研究として位置付けるためには、「なぜそのような違いが生まれるのか」という原理が説明できなくてはならない。

寺村（1983）は「包括的な類型の記述は、必ずしも非文法的な表現がどうして非文法的であるかの説明にはならない」と述べ、それを引用した三宅（2017）は「実際に存在する例の分類だけでは、この構文の成立条件が説明されない」とその主旨を解釈している。コーパスからある文法形式・音声形式の数量的な分布や特徴が得られたとして、それをどのように「説明」するかが言語研究の要であるということは、文法研究・音声研究を進める上での基本姿勢として、常に念頭に置いておくべきである。

参 考 文 献

小磯花絵・天谷晴香・居關友里子・臼田泰如・柏野和佳子・川端良子・田中弥生・伝康晴・西川賢哉（2020）「『日本語日常会話コーパス』モニター版の設計・評価・予備的分析」、『国立国語研究所論集』**18**、17-33

国立国語研究所（1951）『現代語の助詞・助動詞—用法と実例—』、国立国語研究所

国立国語研究所（1955）『談話語の実態』、国立国語研究所

国立国語研究所（1960）『話しことばの文型（1）—対話資料による研究—』、秀英出版

国立国語研究所（1963）『話しことばの文型（2）—独話資料による研究—』、秀英出版

国立国語研究所（1972）『動詞の意味・用法の記述的研究』、秀英出版

三枝令子（1996）「「小さな旅」と「小さい旅」」、『言語文化』**33**、97-108

寺村秀夫（1971）「'タ'の意味と機能—アスペクト・テンス・ムードの構文的位置づけ—」、岩倉具実教授退職記念論文集出版後援会（編）『言語学と日本語問題』、くろしお出版、244-289（再録：『日本語のシンタクスと意味II』、313-358）

寺村秀夫（1983）「「付帯状況」表現の成立の条件—「X ヲ Y ニ……スル」という文型をめぐって—」、『日本語学』**2**(10)、38-46（再録：『寺村秀夫論文集I』、113-126）

丸山岳彦（2008）「『日本語話し言葉コーパス』に基づく言い直し表現の機能的分析」、『日本語文法』**8**(2)、121-139

丸山岳彦（2014）「現代日本語の多重的な節連鎖構造について—CSJ と BCCWJ を用いた分析—」、石黒圭・橋本行洋（編）『話し言葉と書き言葉の接点』、ひつじ書房、93-114

丸山岳彦（2024）「発話の産出過程と一まとまり性」、斎藤倫明・修徳健（編）『談話・文章・テクストの一まとまり性』、和泉書院、143-164

丸山岳彦・田野村忠温（2007）「コーパス日本語学の射程」、『日本語科学』**22**、5-12

三宅知宏（2017）「文法性判断に基づく研究の可能性」、『日本語文法』**17**(2)、3-19

宮島達夫（2007）「語彙調査からコーパスへ」、『日本語科学』**22**、29-46

第2章
ら抜き言葉

佐野真一郎

導入 現在日常的に耳にする「ら抜き言葉」にはどのような特徴があるのだろうか。

　「ら抜き言葉」とは、現代日本語の可能形に現れる言語変異・変化であり、その使用は長い年月をかけて普及してきている。ら抜き言葉は「一段活用動詞」と「カ行変格活用動詞」の可能形に見られる現象で、例えば一段動詞の「見る」「食べる」の可能形は伝統的には「見られる」「食べられる」（以下、「伝統形」とする）であるが、ら抜き言葉では文字通り「られ」の「ら」が省略され、「見れる」「食べれる」（以下、「ら抜き形」とする）となる。同様に、カ変動詞の「来る」も、「来られる」がら抜き言葉になると「来れる」となり、ら抜き言葉の代表例として多く観察される。

　ら抜き言葉は、大正期の文学作品にすでに例が見られ、その後現在まで使われ続けている（塩田・滝島、2013）。これまで、日本語学だけでなく、社会言語学や日本語教育学などでも研究が行われ、その性質・特徴が明らかにされつつある（中村、1953；神田、1964；岡崎、1980；山本、1982；渋谷、1993；井上、1998；井上・鑓水、2002；金水、2003；松田、2008；佐野、2009、2012 など）。また、近年では実験技術やコーパスなどの研究資源の発達により、実際の言語データを使った数量的研究も行われている（Sano, 2011, 2018, 2019, 2020；Sherwood, 2014, 2016）。さらにメディアや教育でも幅広く取り上げられ、一般における認知度も高まっている。しかしながら、これまで本現象は日本語の「誤用・乱れ」とされることが多く、現在進行中の言語変化としての性質に注目が集まることは一部の分野を除いてあまりなかったと言える。

26 第2章 ら抜き言葉

　本章では、『現代日本語書き言葉均衡コーパス』（BCCWJ）と『名大会話コーパス』を対象として、「中納言」を用いて、ら抜き言葉の実態を定量的に分析してみよう[1]。

例題 1　ら抜き言葉は書き言葉・話し言葉でどう現れるかを調べよう。

　はじめに、ら抜き言葉が書き言葉と話し言葉の中でどのように現れているか、その実態を捉えてみよう。

　以下では、BCCWJ のコア（全てのレジスター）から全てのら抜き形と伝統形の用例を抜き出す手順について考える。まず伝統形では、動詞に助動詞「られる」が後接する場合を指定することで、「食べ+られる」のように可能の助動詞を含む用例を網羅的に抽出することができる。一方、ら抜き形は、動詞に助動詞「れる」を指定することでは拾うことができない。これは、UniDic による形態素解析に基づく分類上、「食べれる」のようにラ行下一段活用の動詞1語として解析されるためである。そこで、動詞の「活用型」の「中分類」に「下一段-ラ行」と指定することとなる。しかしながら、ラ行下一段活用の動詞にはら抜き形以外に「戻れる」のような可能動詞や「忘れる」「取れる」「慣れる」など多くの動詞が含まれるため、検索結果をそのまま分析データとすることはできない。そこで、ら抜き形以外の用例を削除しなければならないが、この作業は自動化することができないため、一例一例文脈を参照しながら人手で判断する必要がある[2]。

　さらに、意味の問題がある。ら抜き形の意味は「可能」に限定されるものの、伝統形は「可能」以外に「受身」「尊敬」「自発」の意味を担うことができる。つまり、上記の手続きによって抽出した伝統形のデータには、「受身」「尊敬」

---

1) 本分析は、2017年7月時点での最新版（中納言 2.2.2.2、データバージョンは BCCWJ が 1.1、名大会話コーパスが 2016.12）に基づく。

2) 「中納言」の検索条件式を用いた検索では、否定の演算子 "NOT" が使えるため、「（活用型 LIKE "下一段-ラ行%" AND NOT 語彙素 LIKE "%れ%"）」と指定することで、検索対象を「見る」「食べる」「起きる」など辞書形に「れ」が含まれないものに限定し、「忘れる」「取れる」「慣れる」などを排除することができる。ただし、この場合でも可能動詞は含まれるため、これらについては一例一例確認しながら除く必要がある。

「自発」が含まれてしまっているため、ここから「受身」「尊敬」「自発」の意味を持つ用例を除くために、上記の活用型と同様、文脈を参照しつつ一例一例吟味し判断することとなる。ただし、形式上の違いと異なり、意味の違いは分類の判断に迷う場合が少なくない。そのような場合には、複数の研究者による合議を経て判断するという手続きも有効である。それでも一つに決まらない場合は、分析対象から除くという判断も賢明である。

■ データ作成の手順

　以上を踏まえ、データ作成で具体的に行う手順は以下のようになる。

① 　中納言にログインし、「現代日本語書き言葉均衡コーパス中納言版（BCCWJ）」を選択して、「検索対象を選択」で「コア」にチェックを入れる。

〈伝統形の検索〉

② 　「短単位検索」から、「キーの条件を指定しない」にチェックを入れ、「後方共起条件1」の「語彙素」に「られる」を指定して、「検索結果をダウンロード」を押し、CSVファイルを保存する。

〈ら抜き形の検索〉

③ 　「短単位検索」から、キーの「活用型」の「中分類」に「下一段-ラ行」を指定して、「検索結果をダウンロード」を押し、CSVファイルを保存する。

④ 　ダウンロードされたCSVファイルをExcelで開き、以下の手順でデータを整理する。

〈伝統形データの整理〉

　　a. 各行の用例を見ながら「可能」の用例だけを残し、「受身」「尊敬」「自発」の用例を行ごと削除する。

　　b. A列に新しい列を挿入し、ら抜き形と伝統形を区別するための列を作成する。「ら抜き・伝統」の列名を付け、空欄全てに「伝統」と入力する。

〈ら抜き形データの整理〉

　　c. 各行の用例を見ながらら抜き形だけを残し、「可能動詞」と他のラ行下一段活用の動詞の用例を行ごと削除する。

　　d. A列に新しい列を挿入し、「ら抜き・伝統」と列名を付け、空欄全てに「ら抜き」と入力する。

28   第 2 章　ら抜き言葉

〈両データを一つにまとめる〉

　e.　一方のデータ（列名以外の全て）をコピーし、もう一方のデータの下部
　　　（空行部分）に貼り付ける。これを「ら抜き分析対象データ」として Excel
　　　形式で保存する。

⑤　以上の手続きを、名大会話コーパスに対しても同様に行う（名大会話コー
　　パスでは検索対象の選択肢はない）。

⑥　作成した両コーパスの「ら抜き分析対象データ」に対して、ピボットテー
　　ブルを作成し、「列ラベル」と「値」に「ら抜き・伝統」を指定すると、表
　　2.1、表 2.2 のような集計表が得られる。

　まず、表 2.1、表 2.2 を比較してみよう。BCCWJ では 65 件のら抜き形が観察
されたが、名大会話コーパスでは 269 件であった。前者が書き言葉の使用例で、
後者が話し言葉の使用例であることから、出現頻度だけで比較すれば、話し言
葉の方が書き言葉よりもら抜き形が多く観察されたということになる。

　ただし、ここで注意しなければならないのは、検索対象としたデータ全体の
サイズである。例えば、あるデータでら抜き形が 10 件観察されたとしても、そ
のデータ全体のサイズが 100 万語だった場合と、1 万語だった場合では、全く
意味が異なる。同様に、ある 2 つのデータでら抜き形が 10 件ずつ観察されたと
しても、片方のデータには元々可能表現が多く現れるが、もう片方のデータに
はほとんどそれが現れないとすると、両データでの 10 件という数値は全く異な
る意味を持つ。このような場合、ら抜き形の出現頻度（粗頻度）だけを比較し

表 2.1　ら抜き形・伝統形の出現頻度（BCCWJ コア）

データの個数：ら抜き・伝統	列ラベル		
	ら抜き	伝統	総計
計	65	787	852

表 2.2　ら抜き形・伝統形の出現頻度（名大会話コーパス）

データの個数：ら抜き・伝統	列ラベル		
	ら抜き	伝統	総計
計	269	387	656

ても、その分布を詳細にわたって理解したことにはならない。さらに、何らかの語彙的、文法的な制限により、伝統形は現れることができるが、ら抜き形は現れることができないような文脈があるかもしれない。このような両形式の差も、ら抜き形と伝統形の両者を分析することで初めて明らかとなる。

以上のことから、ら抜き言葉の実態を正確に捉えるためには、ら抜き形の数だけでは不十分で、それと対になる伝統形の数と合わせて分析する必要がある。具体的には、観察された全ての可能形の中でら抜き形がどのくらい現れるかということを比率で捉える必要があるのである。このようにデータの特徴・偏りを考慮して初めて、観察されたデータの一般化や複数のデータ間の比較が可能となる。

これを踏まえて、先の手順に以下を加えよう。

⑦ それぞれのコーパスにおいて、ら抜き形が出現する比率を求める。計算式は、「(ら抜き形÷総計)×100」である。
⑧ コーパスの種類とら抜き形の比率をもとにグラフを作成する(図2.1)。

図 2.1 で BCCWJ と名大会話コーパスそれぞれのら抜き形の比率を比較すると、BCCWJ では 7.6% であるのに対し、名大会話コーパスでは 41.0% であった。ここから、話し言葉の方が書き言葉よりもら抜き形が高い比率で現れているという結論を得ることができる。

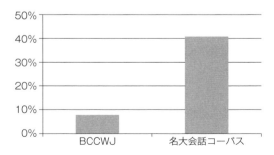

図 2.1 BCCWJ と名大会話コーパスにおけるら抜き形の比率

解説 1　書き言葉と話し言葉の違い

　先述のように、ら抜き言葉という現象は言語変異・変化の一つである。言語変化とは、ある A という形式が B という形式に時間とともに交代する過程である。ら抜き言葉の場合、伝統的に使われていた「見られる」「食べられる」などの伝統形が、時間とともに「見れる」「食べれる」などのら抜き形へと交代する。ただし、この交代は時間をかけて徐々に起こるため、その過程には両形式が併用される時期が含まれる。伝統形もら抜き形も言語的な意味・機能の上では同じであるため、この状態は「言語変異」として捉えられる。第 4 章で見るように、言語変異は言語変化を伴わない、時間的に安定したものもあるが（**解説 3** を参照）、ら抜き言葉のように言語変化の途上で観察されるものもある。

　言語変化は、言語にとっては避けられないものであり、歴史上さまざまな言語で観察されてきた。言語には文字を持つものと持たないものがあるが、話し言葉の方が書き言葉よりも変化しやすいという特徴がある。前者の方が後者よりも変化の始まりが早く、かつ変化の速度が速い。通常、言語の変化とは一定期間を経た後、変化が収束した段階で観察できるものであるが、変化の過程のある一点を切り取った場合、新しい形式の普及の度合い（どのくらい現れやすいか）を伝統形と新形式の比率によって測ることができる。つまり、変化が進んでいる文脈と進んでいない文脈を比較すると、前者の方が後者よりも新形式の比率が高い。ら抜き言葉の場合、新形式であるら抜き形の比率が高かった話し言葉の方が、それが低かった書き言葉よりも変化が普及しているということを示しており、ら抜き言葉は言語変化の一般的な特徴を持っていると言える。

　では、なぜ話し言葉の方が書き言葉よりもら抜き形が現れやすいのだろうか。話し言葉と書き言葉は文化・社会的にも、産出・理解の過程においても、それぞれ独立したものである。よって、両者が連動し同じ変化が同じ時期に起こる可能性は低い。また、即時的に産出される話し言葉では、ら抜き形のような社会的には非規範的な文法形式であってもそのまま産出される機会が多いが、書き言葉はそうではなく、辞書・文法書に倣って文法的な逸脱を修正する過程を経ることが多いため、非規範的な用法が現れにくい。さらに、辞書・文法書は話し言葉の傾向を踏まえて改訂されるため、ら抜き形のような新形式が記載されるためには、それが話し言葉の中に十分に普及していなければならない。このような理由により、言語変化は話し言葉が書き言葉に先行すると考えられる。

演習 1　BCCWJのレジスターごとの差を分析しよう。

　書き言葉・話し言葉におけるら抜き言葉の特徴を確認したところで、次にBCCWJを用いて書き言葉の詳細なレジスター差（文体差）を分析しよう。BCCWJのコアには、「雑誌」「書籍」「新聞」「ブログ」「Yahoo!知恵袋」「白書」の6つのレジスターが収録されている。ら抜き言葉の分布はこれらのレジスターごとにどのような特徴を示すのだろうか。

■ データ作成の手順

① **例題1**で作成したBCCWJの「ら抜き分析対象データ」を用いて、ピボットテーブルの「列ラベル」と「値」に「ら抜き・伝統」を、行ラベルに「レジスター」を指定すると、レジスターごとのら抜き形・伝統形の出現頻度が得られる（図2.2）。

② ①の手順で得た集計表のレジスターに対して、「（ら抜き形÷総計）×100」でら抜き形の比率を求め、それを追加すると表2.3が得られる。

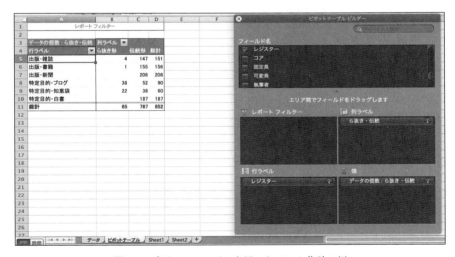

図2.2　ピボットテーブルを用いたデータ集計の例

表2.3 ら抜き形・伝統形のレジスターごとの分布（BCCWJコア）

レジスター	ら抜き形	伝統形	総計	ら抜き形の比率（%）
出版・雑誌	4	147	151	2.65
出版・書籍	1	155	156	0.64
出版・新聞	—	208	208	0
特定目的・ブログ	38	52	90	42.22
特定目的・知恵袋	22	38	60	36.67
特定目的・白書	—	187	187	0

　表2.3を見ると、6つのレジスターの中で、雑誌、書籍、新聞、白書といった紙媒体ではほとんどら抜き形は観察されず、ら抜き形の比率も極めて低い。その中では、比較的くだけた表現が現れやすい雑誌においてら抜き形の比率がわずかに高くなっている。一方、ブログ、Yahoo! 知恵袋といったウェブ上の媒体では、ら抜き形の比率は36%以上を示しており、比較的多くの可能形がら抜き形で現れていると言える。

　では、なぜこのような紙媒体とウェブ上の媒体の違いが生じたのであろうか。ここで扱うブログやYahoo! 知恵袋はインターネットの中でも特に話し言葉のスタイルが多く現れ、また書き手の年齢も比較的若いと想定されることから、新形式であるら抜き形が現れやすいと考えられる。さらに、これらのテキストは個人によって書き込まれたテキストであり、第三者によって正式な校閲が行われることはない。それに対して、紙媒体では、媒体によって多少の違いはあるものの、基本的に従来通りの文法規範に則った書き言葉のスタイルに従い、著者・出版社の校閲を経るため、ら抜き形が現れる可能性は低いと考えられる。

例題 2　ら抜き言葉の年代変化を調べよう。

　ら抜き言葉が言語変化であるならば、新形式の分布は時間との相関を示し、若い世代の話者でより多く観察されるはずである。これは、異なる世代の話者の言語使用に、異なる変化の進行度合いが反映されるためである。つまり、老年層の話者の発話は昔の言葉遣いを、若年層の話者の発話は最近の言葉遣いを

第 2 章　ら抜き言葉　　　　　　　　　　　　　　　　　　　33

反映していると仮定することができる。

　言語変化を調査するためには、実際の時間の流れに沿って、例えば現在、10
年後、20 年後…と数十年かけて調べる方法（実時間調査）と、話者の世代差を
利用し、ある時点において異なる世代の話者を対象に調べる方法（見かけ時間
調査）がある。ここでは、BCCWJ の「出版年」と名大会話コーパスの「年齢」
を手掛かりに、ら抜き言葉の年代変化の見かけ時間調査を行ってみよう。

■ データ作成の手順

① **例題 1** で作成した BCCWJ の「ら抜き分析対象データ」を用いて、ピボッ
　トテーブルの「列ラベル」と「値」に「ら抜き・伝統」を、行ラベルに「出
　版年」を指定すると出版年ごとのら抜き形・伝統形の出現頻度が得られる。

② ①の手順で得た集計表の各出版年に対して、「（ら抜き形÷総計）×100」で
　ら抜き形の比率を求め、それを追加すると表 2.4 が得られる。

③ **例題 1** で作成した名大会話コーパスのデータを用いて、ピボットテーブル
　の「列ラベル」と「値」に「ら抜き・伝統」を、行ラベルに「年齢」を指
　定すると年齢ごとのら抜き形・伝統形の出現頻度が得られる。

④ ③の手順で得た集計表の各年齢に対して、「（ら抜き形÷総計）×100」でら
　抜き形の比率を求め、それを追加すると表 2.5 が得られる。

⑤ Excel 上で表 2.5 の「年齢」の列と「ら抜き形の比率」の列を全て選択し、
　折れ線グラフを作成する。グラフの線上を右クリックし、「近似曲線の追
　加」から「対数近似」にチェックを入れ、さらに「グラフに R-2 乗値を表
　示する」にチェックを入れる（図 2.3）。

表 2.4　ら抜き形・伝統形の出版年ごとの分布（BCCWJ コア）

出版年	ら抜き形	伝統形	総計	ら抜き形の比率（%）
2001	1	171	172	0.58
2002	―	104	104	0
2003	1	176	177	0.56
2004	―	177	177	0
2005	25	107	132	18.94
2008	38	52	90	42.22

表 2.5　ら抜き形・伝統形の年齢ごとの分布（名大会話コーパス）

年齢	ら抜き形	伝統形	総計	ら抜き形の比率（%）
10代	24	17	41	58.54
20代	165	154	319	51.72
30代	33	66	99	33.33
40代～50代	30	73	103	29.13
60代～90代	12	75	87	13.79

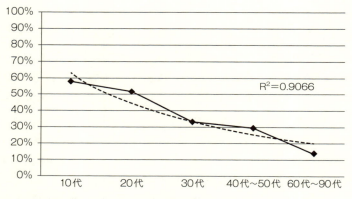

図 2.3　年齢によるら抜き言葉の使用率の推移（名大会話コーパス）

　表 2.4 を見ると、2001～2004 年はら抜き形の頻度も比率も低く、ほとんど現れないと言ってよい。そこから 2005 年に 25 件で約 19%、2008 年になると 38 件で約 42% と、急激な上昇が見られる。このことから、ら抜き言葉は 2005 年以降に書き言葉で急激に普及していると言えそうだが、これだけの不自然な変化が観察される場合には、他の何らかの要因が影響していることを疑わなければならない。ここでは、**例題 1** で確認したレジスターの影響がありそうである。ら抜き形が多数観察されたブログと Yahoo! 知恵袋の出版年を見ると、ブログの出版年は全て 2008 年であり、Yahoo! 知恵袋の出版年は全て 2005 年である。つまり、2005 年と 2008 年に見られたら抜き形の比率の急激な上昇は、ら抜き形が頻出するブログと Yahoo! 知恵袋によるものであると言える。このように、言語変異・変化では複数の要因が関与していることがあり、ある要因による影響と思われる分布の特徴が、実は他の要因の影響が反映したものであったということも往々にしてあるため、項目ごとに詳細な分析をする必要がある。

また、BCCWJ のコアには含まれていないが、「国会会議録」のレジスターでは、具体的な時期は不明であるが、ある時点までら抜き言葉（ら抜き形）は「整文」の対象であり、実際にそれが発言の中に出現していたとしても、書き起こしの段階で伝統形へと修正されていたという事実がある（松田ほか、2008）。こうなると、自然な言語使用の観察が難しくなってしまうため、使用するコーパスの目的が言語研究用でない場合などは、データ収録の際のルールなどにも注意しなければならない。

　続いて、表 2.5、図 2.3 の名大会話コーパスの年齢による分布を見る。10 代の話者では可能形の 60％近くがら抜き形となっており、そこから 20 代、30 代と徐々にら抜き形の比率が下がり、60 代〜90 代の話者で約 14％と最も低い比率を示している。これは、ら抜き言葉が時間（話者の年齢）との相関を示し、若い世代の話者で多く観察されるということであり、先述の言語変化の特徴がら抜き言葉でも確認された。

▌ 解説 2　　年代変化の見かけ時間調査

　以上までで、言語変化が時間との相関を示すということを確認したが、実は時間との相関を示す言語現象が全て言語変化であるとは限らない。例えば、敬語などの改まった表現に対して、日常会話などで使われるくだけた表現は、若い世代の話者で多く観察され、社会の成員となり中年期の前半ごろまでは年齢を重ねるごとに減少する（敬語はその反対）。それを過ぎるとまた増加する。これは年齢階層化（age-grading）と呼ばれる。この年齢階層化における前半の減少パターンは、特定の表現が若い世代の話者で多く観察されるという点で言語変化と同じであるが、両者の違いとして、年齢階層化の場合はそれぞれの話者が世代を超えてどの時代でも安定して繰り返すのに対し、言語変化の場合は特定の言語の歴史上ある一定期間においてこのパターンが観察され、基本的に全く同じことが繰り返されることはない。

　ら抜き言葉の場合は、日本語の歴史上、大正期ごろから近い将来までの間で、若年層から老年層における使用パターンの違いが見られ、それ以前もその後も同じ変化が起こることはない。これは年齢とともに変化する敬語・日常語のパターンがどの世代の日本語話者でも観察されるのと対照的である。また、言語変化では新形式が若い世代の話者で多く観察されると言っても、一時的に流行

36 　　　　　　　　　　　　第 2 章　ら抜き言葉

する若者語などは現れては短期間のうちにすぐ消える。そのため、とりわけ言語変化の初期段階の調査では、それが年齢階層化によるものなのか、若者語のようにすぐに消えてしまうものなのかは判断が付きにくく、誤った結論を導き兼ねないため、注意が必要である。

例題 3　名大会話コーパスの男女差を分析してみよう。

では次に、名大会話コーパスを使って、ら抜き言葉の男女差を分析してみよう。男性の発話と女性の発話では、ら抜き言葉の出現率に違いはあるだろうか。本コーパスに記録されているデータ収録参加者の性別に基づいて調べてみよう。

■ データ作成の手順

① **例題 1** で作成した名大会話コーパスの「ら抜き分析対象データ」を用いて、ピボットテーブルの「列ラベル」と「値」に「ら抜き・伝統」を、行ラベルに「性別」を指定すると、性別ごとのら抜き形・伝統形の出現頻度が得られる。

② ①の手順で得た集計表の性別に対して、「（ら抜き形÷総計）×100」でら抜き形の比率を求め、それを追加すると表2.6 が得られる。

女性よりも男性において、ら抜き形の比率が高い。このことは、男性の方が女性よりもら抜き形を使用する傾向があることを示している。

表 2.6　ら抜き形・伝統形の性別ごとの分布（名大会話コーパス）

性別	ら抜き形	伝統形	総計	ら抜き形の比率（%）
女性	228	353	581	39.24
男性	36	32	68	52.94

第2章　ら抜き言葉　　37

■ 解説3　男女差とら抜き

　これまでの研究において、話者の性別が言語変化において大きな役割を果たすことが示されている。中でも、多くの場合女性が言語変化をリードすると言われている（Labov, 1990 など）。ところが、表 2.6 ではら抜き形の比率が女性よりも男性において高く、この現象が男性においてより普及していることを示唆している。それでは、ら抜き言葉は言語変化の一般的な特徴を有していない、あるいは言語変化ではないのだろうか。答えはノーである。**例題2**で、ら抜き言葉が時間（話者の年齢）との相関を示し、若い世代の話者で多く観察されるという言語変化の特徴を示すことを確認した。また、他のコーパスを用いたら抜き言葉の研究では、女性の方が高いら抜き形の比率を示しており、上述の特徴と合致する（Sano, 2020）。それではどう考えればよいのだろうか。一つの手掛かりとして、男性優位の分布特徴と結び付く、言語変化を伴わない定常的変異（stable variation）が挙げられる。定常的変異においては、男性が非標準形（ここではら抜き形）をより頻繁に使用すると言われている（Labov, 1990 など）。ら抜き言葉は日本語における変異・変化の中では長い歴史を持ち、現代日本語に広く浸透していると言える。そうなれば、進行中の言語変化ではあるものの、その途上で社会言語学的指標との関係が変化することも予想され、定常的変異としての特徴を同時に示すということもあるかもしれない。

例題4　ら抜き言葉の動詞の長さによる違いを調べよう。

　「見られる」が「見れる」になる比率と、「考えられる」が「考えれる」になる比率を比べると、後者よりも前者の方が圧倒的に高いのではないかと予想される。ここから、動詞によって、言語変異・変化の影響を受けやすいものと受けにくいものがあると考えられる。そこで以下では、ら抜き言葉が動詞の長さとどのような関係にあるかを調べてみよう。

■ データ作成の手順

　例題1で作成した BCCWJ と名大会話コーパスの「ら抜き分析対象データ」

それぞれを、以下の手順で整理する。

① 「語彙素」列の隣に新たな列を挿入し、列名を「動詞の長さ」としておく。
② 「語彙素」列を参照し、それぞれの動詞の長さ（基本形の拍数）を「動詞の長さ」列の空欄全てに対して入力する。例えば、「見る」であれば2拍であるため、2と、「考える」であれば5拍であるため5とする。
③ ピボットテーブルの「列ラベル」と「値」に「ら抜き・伝統」を、行ラベルに「語彙素」を指定すると動詞ごとのら抜き形・伝統形の出現頻度が得られる（表2.7）。同じく、行ラベルに「動詞の長さ」を指定すると動詞の長さごとのら抜き形・伝統形の出現頻度が得られる。
④ ③の手順で得た集計表のそれぞれの長さに対して、「（ら抜き形÷総計）×100」でら抜き形の比率を求め、それを追加すると表2.8、表2.9が得られる。

　まず手始めに、動詞（語彙素）ごとのら抜き形の出現頻度を確認しよう[3]。表2.7はBCCWJと名大会話コーパスにおけるら抜き形の出現頻度が高い動詞上位6位をまとめたものであるが、ら抜き形の分布には動詞ごとに偏りがあることが分かる。また、話し言葉と書き言葉の違いはあるが、どちらのコーパスでも「見る」「食べる」「来る」が上位3動詞であることは共通している。
　ら抜き言葉の現れ方に動詞の種類による偏りがあることを確認したが、これは単語自体の特徴によるものなのだろうか、あるいはより一般的な特徴が動詞

表2.7　BCCWJと名大会話コーパスにおける動詞ごとのら抜き形の出現頻度

動詞（BCCWJ）	頻度	動詞（名大会話コーパス）	頻度
見る	28	食べる	75
食べる	8	見る	50
来る	6	来る	38
付ける	4	出る	24
起きる	3	寝る	19
居る	3	着る	13

---

3) 先述のように、分布の理解には頻度に加えて比率も参照する必要がある。ただし、ここでの目的は、以下の分析への見通しを立てることであり、便宜的に頻度を示す。

第 2 章　ら抜き言葉　　　　*39*

表 2.8　ら抜き形・伝統形の動詞の長さごとの分布（BCCWJ コア）

動詞の長さ	ら抜き形	伝統形	総計	ら抜き形の比率（％）
2	41	294	335	12.24
3	20	201	221	9.05
4	—	140	140	0
5	4	147	151	2.65
6	—	4	4	0
7	—	1	1	0

表 2.9　ら抜き形・伝統形の動詞の長さごとの分布（名大会話コーパス）

動詞の長さ	ら抜き形	伝統形	総計	ら抜き形の比率（％）
2	149	61	210	70.95
3	113	201	314	35.99
4	5	91	96	5.21
5	2	34	36	5.56

の種類に反映したものなのだろうか。ここでは、後者の中でも動詞の長さが影響していると仮定する。

　表 2.8、表 2.9 を見ると、ら抜き形の比率は、BCCWJ、名大会話コーパスどちらにおいても 2 拍動詞で最も高く、それに次いで 3 拍動詞が高く、4 拍よりも長い動詞では極端に下がっている。このことから、ら抜き言葉の普及率は動詞の長さの影響を受けていると考えられる。とりわけ、ら抜き言葉は短い動詞で普及しており、4 拍以上の動詞ではほとんど現れないということが分かる。例えば「見る」などの短い動詞は「見れる」といったら抜き形になりやすいのに対して、「考える」などの長い動詞は「考えられる」といった伝統形のまま現れやすいということである。また、表 2.7 に挙げられているら抜き形の頻度が高い動詞の全てが 2 拍、3 拍動詞であることから、動詞の種類による偏りの少なくとも一部は動詞の長さによるものであることも確認できる。

▌解説 4　動詞の長さとら抜き

　ここまで、ら抜き言葉の分布が動詞の種類による偏りを見せること、とりわ

け動詞の長さの影響を受けるということを確認した。ら抜き言葉以外に、例えば「やらせていただきます」が「やらさせていただきます」のように変化する「さ入れ言葉」などでも、単語の長さが影響することが確認されている（佐野、2008）。しかしながら、なぜ短い動詞の方が長い動詞より新形式が多く現れるのかについては、これまでにも考察があるが、その原因は未だに分かっていない。

　一般に、言語変異・変化はその対象となる単語ごとに影響度・進行度合いが異なるということが、通言語的、通時的に広く知られている。これは「語彙拡散」（lexical diffusion；Wang, 1969, 1977；Hooper, 1976）と呼ばれる。この語彙拡散の原因には、さまざまな要因が考えられるが、有力なものとして使用頻度が挙げられる。例えば、使用頻度の高い単語では変化の進行が速く、低い単語ではそれが遅い（またはその反対）といった具合である。言語変異・変化における動詞の長さの影響を説明する一つの可能性として、使用頻度の影響が考えられる。つまり、例えば短い単語は頻度が高く、長い単語は頻度が低いというような偏りがもしあるならば、動詞の長さの影響は使用頻度の影響を反映したものとなり、この問題が使用頻度に帰着する可能性がある。

例題 5　ら抜き言葉の動詞の活用型による違いを調べよう。

　ら抜き言葉に対する動詞の長さの影響に続いて、ここではら抜き言葉が動詞の活用型とどのような関係にあるかを調べてみよう。「起きれる」は上一段活用、「食べれる」は下一段活用、「来れる」はカ行変格活用であるが、これら活用型の違いによって、ら抜き言葉になりやすいかどうかに違いはあるだろうか。

■ データ作成の手順
　例題 4 で作成した BCCWJ と名大会話コーパスの「ら抜き分析対象データ」それぞれを、以下の手順で整理する。

① 　新たな列を挿入し、列名を「活用型分類」としておく。
② 　フィルター機能を使って、元々あった「活用型」列を参照し、「上一段」で

表 2.10 ら抜き形・伝統形の動詞の活用型ごとの分布
（BCCWJ コア）

活用型分類	ら抜き形	伝統形	総計	ら抜き形の比率（%）
上一段	37	288	325	11.38
下一段	22	481	503	4.37
カ行変格	6	7	13	46.15

表 2.11 ら抜き形・伝統形の動詞の活用型ごとの分布（名大会話コーパス）

活用型分類	ら抜き形	伝統形	総計	ら抜き形の比率（%）
上一段	82	107	189	43.39
下一段	149	266	415	35.90
カ行変格	38	10	48	79.17

始まるものを全て選択する。

③ 作成した「活用型分類」列の空欄全てに対して、「上一段」と入力する。

④ ②、③の手順をその他の活用型にも実行する。

⑤ ピボットテーブルの「列ラベル」と「値」に「ら抜き・伝統」を、行ラベルに「活用型分類」を指定すると活用型ごとのら抜き形・伝統形の出現頻度が得られる。

⑥ ③の手順で得た集計表のそれぞれの活用型に対して、「（ら抜き形÷総計）×100」でら抜き形の比率を求め、それを追加すると表 2.10、表 2.11 が得られる。

▌解説 5　動詞の活用型とら抜き

　表 2.10、表 2.11 を見ると、ら抜き形の比率は、BCCWJ、名大会話コーパスどちらにおいても、カ行変格活用で最も高い。また、下一段活用よりも上一段活用の方が高い。このことから、ら抜き言葉は動詞の活用型の影響を受けると言える。とりわけ、ら抜き言葉はカ行変格活用＞上一段活用＞下一段活用の順に普及しているということが分かる。

　では、なぜこのような活用型による違いが生じたのであろうか。これには、「分節音の異化」（segmental dissimilation；Yip, 1988；Suzuki, 1998；Bennett,

表 2.12 活用型と伝統形・ら抜き形の分節音

活用型	終止形	伝統形	ら抜き形
上一段	見る	mirare	mire
下一段	食べる	taberare	tabere
カ行変格	来る	korare	kore

2015) が影響していると考えられる。これは、類似または同一の分節音の特徴が近接することが通言語的に避けられるという現象である。

　まず上一段活用と下一段活用の違いを確認しよう。表 2.12 が示すように、これらの動詞がら抜き形となると、動詞末尾の隣り合う 2 つの音節は、上一段活用が *ire*、下一段活用が *ere*、となるが、「分節音の異化」により、類似または同一の分節音の近接が避けられることになる。下一段活用がら抜き形となると、同じ母音 e が隣接する音節に生じてしまう。一方、上一段活用がら抜き形となっても、同じ母音が隣接する音節に生じることはない。「分節音の異化」に従えば、前者のら抜き化は後者のそれよりも避けられる傾向にあると説明することができる。

　次に、カ行変格活用がら抜き形となると、動詞末尾の隣り合う 2 つの音節は *ore* となり、上一段活用の *ire* と同様、同じ母音が隣接する音節に生じることはない。母音の質に注目しても、前者では母音の高さが一致し、後者では母音の前後が一致しており、類似度に関しては大きな違いはない。これでは上一段活用よりカ行変格活用の方がら抜き形の比率が高いことを説明できない。その他、カ行変格活用の動詞は、短い「来る」のみであり、動詞の長さの影響が疑われるが、これだけではサ行変格活用（例：「察する」「感ずる」）や助動詞「せる」「させる」ではら抜き形が全く観察されないことを説明できない。これについてははっきりとした証拠がないが、文法的な処理が行われる際、変格活用は規則的な活用の上一段・下一段活用と異なる範疇として認識されている可能性がある（Sano, 2019）。

第2章　ら抜き言葉　　　43

> **発展**
>
> 　ここまで見てきたら抜き言葉の分析を応用して、以下の手順で BCCWJ を使った「さ入れ言葉」の分析をしてみよう。
>
> Q1.　中納言を使って、「さ入れ言葉」と伝統形を過不足なく最も簡単に抽出する方法を考え、データを抽出する。
>
> Q2.　Excel を使って、抽出されたデータを整理し、さ入れ形の比率を求める。
>
> Q3.　レジスターによる差異があるか分析する。さらに、名大会話コーパスを使って同じように検索し、その結果と比較し、どのような特徴があるかを考える。

---- コラム ----

「れ足す言葉」

　本章ではら抜き言葉の分析方法を紹介したが、可能形の変異・変化はら抜き言葉以外にも「れ足す言葉」が報告されている。「行く」の可能形「行ける」が「行けれる」、「飲む」の可能形「飲める」が「飲めれる」という形に変化する現象である。

　可能形の変異・変化の中で、れ足す言葉は最も新しく 1990 年代に入って現れた、つまりら抜き言葉に後続する変化であるとされる（塩田、2000；井上・鑓水、2002；佐野、2012）。ここでは、ら抜き言葉とれ足す言葉を例にとり、可能形全体の変異・変化をまとめる。

　これまでの研究で、れ足す言葉には意味の明確化の機能があると言われている（井上・鑓水、2002）。つまり伝統形の「行ける」「飲める」などよりも、れ足す形の「行けれる」「飲めれる」などの方が可能の意味がより明確になるということである。変化の順序に従って考えると、表 2.13 が示すように、まず一段動詞の伝統形「見られる」「食べられる」などがら抜き形の「見れる」「食べれる」へと変わり、その後、五段動詞の伝統形「行ける」「飲める」などがれ足す形の「行けれ

表 2.13　活用型と可能形

活用型	終止形	可能形（伝統形）	可能形（新形式）
五段	行く、飲む	行ける、飲める	行けれる、飲めれる
一段	見る、食べる	見られる、食べられる	見れる、食べれる

る」「飲めれる」へと変化する。すると、可能形（新形式）が示す書字形をもとにすれば、下線部の「れる」が五段動詞でも一段動詞でも共通している。つまり、「れる」という形式が可能形の標識として明確に認識されると考えられる。

この共通の可能標識は伝統形の語尾では実現不可能であり、ら抜き言葉とれ足す言葉２つの変異・変化が連動していることを示唆している。

参 考 文 献

井上史雄（1998）『日本語ウォッチング』、岩波書店

井上史雄・鑓水兼貴（2002）『辞典〈新しい日本語〉』、東洋書林

岡崎和夫（1980）「「見レル」「食べレル」型の可能表現について―現代東京の中学生・高校生について行った一つの調査から―」、『言語生活』**340**、64-70

神田寿美子（1964）「見れる・出れる―可能表現の動き―」、森岡健二（編）『口語文法講座3 ゆれている文法』、明治書院、81-91

金水敏（2003）「ラ抜き言葉の歴史的研究」、『月刊言語』**32**(4)、56-62

佐野真一郎（2008）「国会会議録によるさ入れ言葉の分析」、松田謙次郎（編）『国会会議録を使った日本語研究』、ひつじ書房、159-184

佐野真一郎（2009）「現代日本語のヴォイスにおける進行中の言語変化に関する数量的研究―「ら抜き言葉」、「さ入れ言葉」、「れ足す言葉」を例として―」*Sophia Linguistica* **57**、341-356

佐野真一郎（2012）「日本語動詞可能形の変遷を辿る」、日比谷順子（編）『はじめて学ぶ社会言語学』、ミネルヴァ書房、190-208

塩田雄大（2000）「ことば・言葉・コトバ「ら抜き」から「れ足す」へ」、『放送研究と調査』**50**(8)、55

塩田雄大・滝島雅子（2013）「「日本語は乱れている：9割」時代の実相―日本語のゆれに関する調査（2013年3月）から（2）―」、『放送研究と調査』**63**(10)、22-43

渋谷勝己（1993）「日本語可能表現の諸相と発展」、『大阪大学文学部紀要』**33**(1)、1-262

中村通夫（1953）「「来れる」「見れる」「食べれる」などという言い方についての覚え書」、金田一博士古稀記念論文集刊行会（編）『金田一博士古稀記念言語・民俗論叢』、三省堂、579-594

松田謙次郎（2008）「東京出身議員の発話に見る「ら抜き言葉」の変異と変化」、松田謙次郎（編）『国会会議録を使った日本語研究』、ひつじ書房、111-134

松田謙次郎・薄井良子・南部智史・岡田裕子（2008）「国会会議録はどれほど発言に忠実か？―整文の実態を探る―」、松田謙次郎（編）『国会会議録を使った日本語

研究』、ひつじ書房、33-62

山本稔（1982）「話し言葉における「来れる」「見れる」「出れる」等の可能表現の実態と文法教育（1)」、『山梨大学教育学部研究報告 第一分冊 人文社会科学系』**33**、133-145

Bennett, W. (2015) *The Phonology of Consonants: Harmony, Dissimilation, and Correspondence*, Cambridge University Press.

Hooper, J. (1976) Word Frequency in Lexical Diffusion and the Source of Morphophonological Change. In W. Christie (eds.) *Current Progress in Historical Linguistics*, North Holland, 96-105.

Labov, W. (1990) The intersection of sex and social class in the course of linguistic change. *Language Variation and Change*, **2**, 205-54.

Sano, S. (2011) Real-time demonstration of the interaction among internal and external factors in language change: A corpus study. *Gengo Kenkyuu*, **139**, 1-27.

Sano, S. (2018) Productive Use of Indexicalized Variable in Social Interaction: The Case of *ranuki* in Japanese. In S. Fukuda, M. Shin Kim, M-J. Park, and H. Minegishi Cook (eds.) *Japanese/Korean Linguistics* 25, CSLI Publications, 369-382.

Sano, S. (2019) Patterns of variable *ranuki* in Japanese: Identity avoidance and register. *Phonological Studies*, **22**, 75-82.

Sano, S. (2020) Putting *ranuki* into perspective: A multi-corpus analysis of linguistic variation and change. *ICU Working Papers in Linguistics*, **10**, 93-104.

Sherwood, S. (2014) Social pressures condition *ranuki* in the potential form of Japanese verbs. Talk presented at NWAV-AP3 at Victoria University of Wellington.

Sherwood, S. (2016) Indicating and perceiving social hierarchy through language variation: The case of *ranuki* in Japanese. BA thesis, Western Sydney University.

Suzuki, K. (1998) *A typological investigation of dissimilation*. Ph.D. thesis, The University of Arizona, Tucson.

Wang, William S-Y. (1969) Competing changes as a cause of residue. *Language*, **45**, 9-25.

Wang, William S-Y. (1977) *The Lexicon in Phonological Change*, Mouton.

Yip, M. (1988) The OCP and phonological rules: A loss of identity. *Linguistic Inquiry*, **19**, 65-100.

第3章
コロケーション

茂木俊伸

導入 宮崎駿監督によるアニメ映画『ルパン三世 カリオストロの城』（1979年）に、「いや、奴はとんでもないものを盗んでいきました。あなたの心です」という有名なセリフがある。しかし、「心を盗む」という表現に引っかかりを覚える人はいないだろうか。直感的にはむしろ、「心」は「奪う」もののように感じられないだろうか。

　一般的に、単語（語）を材料として文を作る際の規則、あるいは文における語の働きに関する規則を「文法」と呼ぶ。近年、語レベルの問題を扱う語彙論と、文レベルの問題を扱う文法論の両方の領域でよく取り上げられる問題に、「コロケーション（collocation）」がある。これは、ある程度の強さを持った語と語の結び付き、よく使われる語と語の組み合わせのことを指す。
　例えば、「盗む／奪う」は「相手の持ち物を（不当な方法で）取って自分の物にする」ことを表す他動詞であり、ヲ格名詞と結び付いた「～を盗む／奪う」の形で使われる。このとき、「～」部分に現れやすい名詞があるとすると、「～を盗む／奪う」の形でコロケーションを形成している、ということになる。
　ただし、厳密に言えば、「よく使われる組み合わせ」の中でも、「｛お金／宝石／自転車／傘／……｝を盗む」のように物の部分がかなり自由に入れ替えできそうなヲ格名詞と、「目を盗む」のような文字通りの意味にはならない定型表現（いわゆる「慣用句」）を作るヲ格名詞とでは、動詞との結び付きの度合いが異なる（前者は相対的に弱く、後者は強い）。しかし、これら両方を含めてコロケーションとして扱うことも一般的に行われているため、ここでもそのようなゆるやかな捉え方をしておく[1]。

第3章　コロケーション　　*47*

　この「コロケーション」という用語を、外国語学習の際に見聞きしたことがある読者もいるかもしれない。言葉の学習から考えた場合、これは語彙力の一部を成すものである。例えば、日本語母語話者であれば、ある日本語のコロケーションについて、その組み合わせの自然さをある程度判断できるのに対して、日本語学習者にとってはその予測が非常に難しい。このような事情から、コロケーションの問題は日本語教育の分野でも盛んに論じられ（大曾、2005 など）、さまざまな教材も出版されている。

　一方で、日本語のコロケーションの中には母語話者でも意識していないものもあり、専門の辞書も存在する（金田一、2006；姫野、2012 など）。自分の手でコーパスを使って行うコロケーションの分析は、思わぬ発見を伴った、知的に楽しい営みになりうるのである。

例題 1　NLB を使って「盗む」と「奪う」のコロケーションを分析しよう。

　本章では手始めに、オンライン検索システム "NINJAL-LWP for BCCWJ"（略称：NLB）[2] を使って、動詞「盗む（ぬすむ）／奪う（うばう）」とヲ格名詞のコロケーションをコーパスから探すことにする。

　NLB は、国立国語研究所による 1 億語規模の『現代日本語書き言葉均衡コーパス』（BCCWJ）を検索対象としたシステムで、名詞や動詞から検索すると、その語と修飾（係り受け）関係にある語の組み合わせのパターン（文型）や頻度、例文などを表示してくれる。

　日本語学やコーパスに関する知識があまりなくても、システムが検索結果を自動的に整理した形で表示してくれるので、コロケーションを直感的に把握することができるという大きな利点がある。

---

1)　「コロケーション」の定義や範囲に関しては、田野村（2012）などを参照。
2)　NLB は、国立国語研究所と Lago 言語研究所が共同開発したシステムで、ウェブ上（https://nlb.ninjal.ac.jp/）で利用できる。本章ではバージョン 1.40 を使用した。

■ 検索の手順

さっそく NLB にアクセスして「検索を開始する」をクリック（あるいはタップ）し、検索してみよう。「ここに調べたい語を入力（読みも可）」と書いてある検索窓に検索したい語を入力し、「絞り込み」で検索できる（図 3.1）。

「盗む」「奪う」の用例には漢字表記とかな表記のバリエーションがあるかもしれないので、それらを含めるために、読みであるひらがなの「ぬすむ」「うばう」を入力し、検索してみる。すると、「ぬすむ」の見出しは「盗む」であり、頻度（用例数）は 1562 であることが分かる（図 3.2）。同様に、「うばう」の見出しは「奪う」で、頻度は 3281 である。

図 3.1 NLB 検索画面

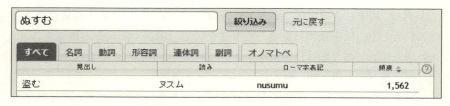

図 3.2 NLB「ぬすむ」の検索結果

■ 検索結果

検索結果の「見出し」部分の「盗む」をクリックすることで、この語の詳しい情報を表示する画面になる（図 3.3）。この画面左の「名詞＋助詞」パターンのうち、ヲ格名詞との組み合わせ「…を盗む」（727 例）をクリックすると、画面中央に「［名詞］を盗む」の形のコロケーションのリスト、右に出典を伴った

第3章 コロケーション

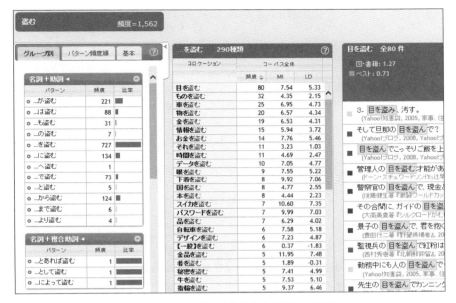

図3.3 NLBで「…を盗む」を表示した画面

例文リストが表示される（「…を奪う」（2503例）の場合も同様）。

コロケーションのリストには、コロケーションの結び付きの強さを見る指標も付いているが[3]、今回は単純な頻度を使って分析することにする。

では、画面中央にある、ヲ格名詞と「盗む／奪う」のコロケーションのリストの上位を見てみよう。それぞれの動詞と共起しやすい（一緒に現れやすい）名詞の特徴や、両語の間に見られる違いを見出すことはできるだろうか。

解説1　「盗む」と「奪う」のコロケーション（NLB編）

1. 検索結果を読み解く　NLBで表示されたコロケーションリストから、2つの動詞と共起する名詞の頻度上位10語の種類と用例数をまとめると、次の表3.1の通りである。このリストから、どのような傾向が指摘できるだろうか。

まず、2つの動詞ともに共起しやすいヲ格名詞として「目」があり、「目を盗む」「目を奪う」という形の慣用句になりやすいということが言えそうである。

---

3) 画面中央の"MI (mutual information)"スコアと"LD (logDice)"スコア。詳しくは赤瀬川ら（2016）を参照。

第3章　コロケーション

表 3.1　「盗む／奪う」のコロ
ケーション（NLB）

	盗む		奪う	
1	目	80	命	162
2	もの	32	目	153
3	車	25	心	148
4	物	20	自由	86
5	金	19	点	51
6	情報	15	ボール	37
7	お金	14	力	35
8	それ	11	権	34
9	時間	11	熱	30
10	データ	10	土地	27

　次に、残りの名詞について、全体的な傾向として共通する点がないかを考え
てみる。できるだけ多くの名詞に言及するような形で、ヲ格名詞に見られる傾
向をまとめると、次のようになる。

(1) a.　「盗む」と共起するヲ格名詞は、形のある具体物（例：「物／もの」
　　　　「車」「(お) 金」）を表すものが、「奪う」の場合よりもよく現れる。
　　 b.　「奪う」と共起するヲ格名詞は、形のない抽象物（例：「命」「心」「自
　　　　由」「力」「熱」）を表すものが、「盗む」の場合よりもよく現れる。

　もちろん、形のない「情報」「時間」も「盗む」と共起しているし、形のある
「ボール」も「奪う」と共起しているので、この (1) はあくまでも「傾向」で
ある。ただ、頻度上位語に「目」以外の名詞の重複が見られないということは、
2つの動詞と名詞との間にはそれぞれある程度の決まった組み合わせがあり、
それらが一定のすみ分け関係にあることを示していると言える。

2. 2語比較機能　　NLB では、「2語比較検索」機能（比較したい2語をス
ペースで区切って入力する）を使って、2つの語の検索結果を比べながら、「盗
む」「奪う」のどちらかのみと共起する名詞、あるいは共起がどちらかに偏る名
詞を、リストの色分けを手掛かりとして探すこともできる。このリストを使っ
て、名詞の特徴を考えてみてもよいだろう。

第3章　コロケーション　　51

…を奪う **41** 　…を盗む **17**								
奪う				**盗む**				LD差 ÷
コロケーション	頻度	MI	LD	コロケーション	頻度	MI	LD	
命を奪う	162	9.14	8.47					8.47
人命を奪う	16	11.01	7.53					7.53
三振を奪う	15	11.05	7.45					7.45
リードを奪う	17	9.54	7.32					7.32
ゴールを奪う	20	9.02	7.29					7.29
自由を奪う	86	7.81	7.20					7.20
ボールを奪う	37	8.13	7.20					7.20
お株を奪う	10	15.27	7.03					7.03
熱を奪う	30	7.95	6.98					6.98
地位を奪う	19	7.82	6.66					6.66
座を奪う	21	7.66	6.61					6.61
得点を奪う	10	8.42	6.44					6.44
職を奪う	15	7.24	6.17					6.17
権利を奪う	23	6.87	6.09					6.09
魂を奪う	15	6.85	5.91					5.91
根拠を奪う	10	7.20	5.90					5.90
政権を奪う	12	6.87	5.82					5.82
機会を奪う	17	6.64	5.81					5.81
土地を奪う	27	6.44	5.79					5.79
権を奪う	34	6.32	5.73					5.73
注意を奪う	13	6.35	5.49					5.49
点を奪う	51	5.79	5.29					5.29
心を奪う	148	7.36	6.85	心を盗む	4	3.93	1.71	5.14
力を奪う	35	5.08	4.59	力を盗む	1	1.73	-0.49	5.08
さを奪う	14	3.01	2.55	さを盗む	1	0.99	-1.22	3.77
全てを奪う	12	4.01	3.49					3.49

図 3.4　NLB「2語比較検索」の「…を盗む／奪う」（頻度10以上）

　さて、ここで冒頭の「ルパン三世問題」に戻ろう。図3.4でNLBの検索結果を確認すると、「心を盗む」4例に対して「心を奪う」148例であり、「心」は圧倒的に「奪う」とともに使われやすいことが分かる。したがって、書き言葉コーパスの検索結果からは、「心を盗む」は一般的な表現とは言えないということになる。この事実から深読みをするならば、あえて「心」と「盗む」を組み合わせた（あのルパン三世だったらそれも可能だと思わされそうな）ところに、このセリフが印象に残る理由があるのかもしれない。

　3.　意味分析　　コロケーションの分析をさらにもう一段階進めていくなら、語の意味分析（意味記述）への展開が考えられる。この場合、慣用句のよ

うな、ある動詞が「この特定の語と結び付く」という個々の組み合わせの把握だけでなく、共起しやすい語の共通点からより抽象的に「このタイプの名詞と結び付く」という分析も行って、そのときの動詞がどのような意味を表しているかを記述することになる。

例えば、先に「盗む／奪う」はいずれも「相手の持ち物を（不当な方法で）取って自分の物にする」ことを表すとしたが、表3.1のコロケーションリスト、および先に(1)に示したヲ格名詞の「具体物」対「抽象物」という傾向からは、次のような意味の重点の違いがあるように思われる。

(2) a. 「盗む」は文字通り、「欲しい（必要な）物を持ち主（相手）から取って自分の物にする」ことを表す。
　　 b. 「奪う」は、「ある物を持ち主（相手）のコントロール下から外す（自分がそれをコントロールできるようにする）」ことを表す。

「盗む」と共起しやすい表3.1の「もの」「車」「お金」などの具体物は、一言で言えば金銭的価値を持つものが多く、それゆえに不当な手段を使ってでも入手する対象となりうる。一方、「奪う」と共起する「自由」「命」「心」などの抽象物は、相手からこれらを手に入れて自分の持ち分を増やすことができない（例えば、相手から「命」を奪って自分の命を2つにしたり、金銭に換えたりすることができない）。つまり、「奪う」ことの目的は自分の持ち分を増やすことにあるのではなく、相手の持ち分をなくすことに重点があると分析できる。

以上のように、共起する名詞との組み合わせから動詞の意味分析を行うことのポイントは、分析対象の動詞そのものを直接的に検討するのではなく、「共起する名詞の特徴から、動詞の意味を検討する」方法をとっているという点である。

言葉の意味は目に見えないものであり、それを直接説明しようとしても、「こんな感じがする」という直感に頼りがちになり、なかなか難しい。しかし、目に見えるコロケーションを詳しく検討していくことで、具体的な根拠に基づいた意味の分析を比較的容易に提示することができるのである[4]。

---

4) ここでの「盗む／奪う」の分析は、言語直感を使った原（2018）の授業実践の一部を、コーパスを使った形にアレンジしたものである。

第3章　コロケーション　　53

演習 1　NLBを使って「握る」と「摑む」のコロケーションを分析しよう。

　「盗む／奪う」と同様の「ヲ格名詞＋動詞」のパターンとして、「握る（にぎる）」と「摑む（つかむ）」のコロケーションをNLBで観察してみよう。

　「握る」と「摑む」は、いずれも「手を使って物を持つ」ことを表す他動詞だが、それらと結び付くヲ格名詞や、それぞれの動詞の意味にはどのような違いがあるだろうか。NLBを使って共起する名詞の傾向を把握し、考えてみよう。

　分析手順は、「盗む／奪う」の場合と同様である。簡単にまとめて示すと、次のようになる。

　　1)　それぞれの動詞と共起しやすい名詞のリストを作成する。
　　2)　それらの名詞の共通点を検討する。　（分類と一般化）
　　3)　それぞれの動詞の意味的特徴を検討する。　（意味分析）

　まず1)のように、NLBを使って読みの「にぎる」「つかむ」を検索し、コロケーションリストを観察しよう。

　次に2)では、頻度の高い名詞（10例以上）について、共通点に注目したグループ分けができないか考えてみよう（例：「ハンドル」「マイク」など→《具体物》グループ、「権力」「実権」「政権」など→《権力》グループ）。

　最後に3)では、それぞれの動詞が具体的に「（手のどこで）何をどうする」ことを表す動詞なのか言葉で表現し、まとめてみよう（例：「細長い形の《具体物》を指と手のひらでがっちり持って操ること」「《権力》を持って（思う通りに）支配すること」）。

例題 2　「中納言」を使って「盗む」と「奪う」のコロケーションを分析しよう。

　例題1のようなNLBを使った分析は手軽で便利なのだが、表示されたコロケーションリストや例文をよくよく見直してみると、「なぜこのようになっているのだろう？」と感じられるところが出てくる。例えば、次のような点である。

（3）a. 表 3.1 の「金」と「お金」は分ける必要がある？

b. 同じく表 3.1 の「権を奪う」って何だろう？

c. 「目を奪う」以外に「眼を奪う」というコロケーションがあるが、「目」と「眼」を分ける必要はある？

d. 「目を奪う」の例文を見たら、「2 勝目を奪う」のようなものが混ざっている。「目」は「目」でもこれらは違う「目」ではないの？

このうち、（3a）と（3b）はヲ格名詞の単位や切り方の問題、（3c）と（3d）は同じ語としてよいかどうか（同語異語判別）の問題である。NLB の検索結果は、大量のテキストを機械的に解析処理し、その結果を整理した形で出力しているものである。このため、必ずしも私たちの直感と一致しない解析結果や、解析誤りが含まれている可能性があると考えた方がよい[5]。

このような例があることを踏まえ、より多くの情報をデータから得て、より正確な形でコロケーションを見ていくためには、コーパスの検索結果の処理を人手で行って、再検討してみるのが一番である。

BCCWJ の検索ツールには、NLB とは別に、「中納言」[6] がある。これもウェブ上で利用するコーパス検索アプリケーションである。以下では「中納言」を使って、「盗む」と「奪う」のコロケーションを見てみよう。

■ 検索の手順

① 「中納言」にログインし、BCCWJ を選択する。

② 「短単位検索」の画面になっていることを確認し、検索条件を設定する。一語ずつ検索する必要があるので、「盗む」から検索することにする。まず、「キー」の欄を次のようにする（「語彙素」はリストから選択し、「盗む」のところは入力する）（図 3.5）。

［語彙素］が［盗む］

次に「盗む」の直前にヲ格名詞が来る例を検索するために、「前方共起条件

---

5) NLB の「ご利用にあたって」には、「NLB では、機械的に処理した結果をそのまま表示しています。形態素・係り受け解析や抽出処理の精度の限界により不適切なデータが混入しています。あらかじめご了承ください」と明記されている。

6) https://chunagon.ninjal.ac.jp/ で利用できる（登録制）。本章では「中納言」バージョン 2.7.2、データバージョン 2021.03 を使用した。

図 3.5 「中納言」による「〜を盗む」の検索

の追加」をクリックし、表示された「前方共起 1」の欄を次のようにする。
　　　［語彙素］が［を］
③　この条件で「検索」をクリックすると、画面の下部に検索結果が表示される。「盗む」の件数は「761 件」であった（「奪う」は 2499 件）。ざっと見て問題がなさそうなら、「検索結果をダウンロード」をクリックすると、CSV ファイルがダウンロードできる。

■ データ加工の手順

① ダウンロードした CSV ファイルを Excel で開き、表示を見やすいように調整する（例えば「前文脈」「後文脈」の幅をやや広くし、「前文脈」は文字列を右揃えにするなど）。
② 「盗む」と共起するヲ格名詞を整理しやすいように、一番右の「反転前文脈」で並べ替えを行う（「データ」→「並べ替え」→「値」を「昇順」にソート）。
③ ヲ格名詞の情報を入力するための列を作成する。例えば E 列に新しい列を挿入し、列名を「ヲ格名詞」とする。
④ この列に名詞を入力していく。このとき前文脈に現れるヲ格名詞を見ながら、自分なりに表記のゆれを統合したり、同じ語か違う語かを判別したりする作業を行う。同じと判定した場合は、それらが一度で抽出できるように代表表記を一つ決め、それを入力する。

図 3.6 Excel を使ったコロケーション用例集計用シート

サンプル ID	開始位置	連番	前文脈	ヲ格名詞	キー	後文脈	語彙素 ID	語彙素読み	語彙素
LBp0_00037	42110	29010	てあく。#さらに台所へ行けば、ナイフを	ナイフ	盗む	だ。そして「美香」の「部屋」を訪ねた。#正	28720	ヌスム	盗む
PB53_00289	10780	7050	には「時間」二千円「相当」の「磁気テープを	磁気テープ	盗む	だものであると。#秋山は「二千万円」を	28720	ヌスム	盗む
LBs9_00088	46540	29120	で「海外」に売り飛ばすより、ユンボを	ユンボ	盗む	で「ATM」を「壊した」方が「儲かる」というわけ	28720	ヌスム	盗む
PM25_00242	52790	31500	に「1月」に「自動車修理工場」で「クルマ」を	車	盗む	た。#盗難の「被害」にあった「クルマ」は「3」	28720	ヌスム	盗む
PM25_00242	52490	31280	クルマを「盗んだ」のは、「最初」に「クルマ」を	車	盗む	だ「男」だったのだ。#「男」は「今年11月」に	28720	ヌスム	盗む
PM25_00242	53680	32130	3」の「未明」にかけて」「再び」その「クルマ」を	車	盗む	だらしい。#「男」は「別の」容疑事件」で「取	28720	ヌスム	盗む
PM25_00242	52360	31190	だし。しかも、「高井戸」署から「クルマ」を	車	盗む	だのは、「最初」に「クルマ」を盗んだ」「男」だ	28720	ヌスム	盗む
PM25_00242	52070	31010	が「証拠」として「保管」している「クルマ」を	車	盗む	だ「とは、「それ」だけでも「驚愕」だし。しかも	28720	ヌスム	盗む
LBl9_00210	83730	54750	!#「誰かが」「わたくしの」鼻」ゴム」を	消しゴム	盗む	で「―」わたくしが、「どこかで」「落とした」の	28720	ヌスム	盗む
PB57_00079	66930	40470	いり分けて」いこう。#▲「敵」から「アイテム」を	アイテム	盗む	「特殊」技」は、「序盤」では「役立つ」。#「敵」の「	28720	ヌスム	盗む
PN2o_00010	1940	1240	十八日、「近所」の「焼き肉店」から「コメ」を	米	盗む	だとして、「わたし」「も」「落としたのだ	28720	ヌスム	盗む
PB21_00064	59470	38470	ったんだ!#「どうやって」この「ダイヤ」を	ダイヤ	盗む	だんだ!ね」#「泥棒」は昨夜わったことに	28720	ヌスム	盗む
LBs9_00047	38010	23550	で「ケンティスビア伯爵」夫人の「ダイヤ」を	ダイヤ	盗む	だ「時」の「話」を、「いつか」「聞かせて」ほしい	28720	ヌスム	盗む
LBr2_00063	41880	25990	ジラ漁」の、「この」時」絶体」な「カメラ」を	カメラ	盗む	だ「オオカミ」「不思議」な「白夜だった。#」	28720	ヌスム	盗む
PB59_00064	68640	41600	秋の「複製」を「つけ」いた「金」の「首飾り」を	首飾り	盗ま	れた「ことが」判り道で「気づいて」、「女王」と	28720	ヌスム	盗む
PM12_00104	35020	22690	若い者は、「しっかり」前の「人」の「踊り」を	踊り	盗ま	れて「も」身につけなければ」ならない「もの」だ	28720	ヌスム	盗む
OC02_01612	2290	1230	いの「で」、「万一、侵入される」と「ファイル」を	ファイル	盗ま	れて「も」簡単には「解読」されません。	28720	ヌスム	盗む
PB49_00247	23330	13700	だし。#「今の」は「スコット」の「ファイル」を	ファイル	盗ま	だ。#それもいつには「トゥピエス」	28720	ヌスム	盗む
OC02_06734	1020	530	は「#テンポラリー」ファイルから「ファイル」を	ファイル	盗み	情報を読み取った「ソリ」ロイ」の「木馬」が「ク	28720	ヌスム	盗む
LBs9_00104	58010	34350	!#「今も」書いましたように「ミサイル」を	ミサイル	盗ま	だ「旧人」は「捕えて」いません!#クリエフ」	28720	ヌスム	盗む
LBgn_00029	840	510	かなあ。#「れ」とも、「タイムカプセル」を	タイムカプセル	ぬすむ	だ「やつ」が「長崎」の「作文」により、ぬすま	28720	ヌスム	盗む
LBd7_00008	102650	61080	ずし、「マリア」が「ひやわか」に、「K くびる」は	唇	盗ま	れないように「し」!。#そして、「すぐ」そ「く	28720	ヌスム	盗む
LBd7_00008	100820	61300	あれ。「君」は「わたし」の「K くびる」は「唇」を	唇	盗ま	れた。#「「パルビエ」に「誘惑は	28720	ヌスム	盗む
PB55_00208	16180	10340	らアルツハイマー」病研究の「サンプル」を	サンプル	盗ま	で「日本」に持ち帰った」「彼」が「起訴」した。	28720	ヌスム	盗む
LBp9_00250	38640	25340	の「息子」が「一人」は「#「する」には、「あれ」を	あれ	盗ま	だ「旧人」は、「どうした」「もれ」の「ラウル」らし	28720	ヌスム	盗む
LBs7_00007	16500	9730	「宝石店」へ「出かけ」ました。#「あれ」を「あれ	あれ	ぬすま	れたなんて「。「世間」に「知れたら、わしは	28720	ヌスム	盗む
LBe1_00021	82360	55210	かの「もの」だ。「課類」人」には「あれ」を「それ	それ	盗ま	れで「騒動を「起こす」。#これらは「1」「君主	28720	ヌスム	盗む
LBt9_00135	18350	11610	にへ「置こう」と「勝手じゃ」ないか、「それ」を	それ	盗む	奴は「泥棒」で「―!」「当たり前」。#	28720	ヌスム	盗む

例：「モノ／もの／物」→「物」を入力

「アイディア／アイデア」→「アイデア」を入力

「目／眼」→「目」を入力

「お金／金」→「金」を入力

ここまでの手順で作成したデータが、コロケーションの用例集計用シートとなる（図 3.6）。

⑤ 「ヲ格名詞」列でピボットテーブルを作成し、頻度上位語のリストを作成する。

■解説 2　「盗む」と「奪う」のコロケーション（中納言編）

1. 検索結果を集計する　実際にデータ加工の作業をしてみて初めて分かる（逆に言えば、自分でやってみないと分からない）のは、検索結果の集計は結局のところ、このようなデータ加工のやり方、特に、先の手順④でどのようなルールを立てるのかによって、さまざまに変わりうるということである。

　例えば、手順④で「ヲ格名詞」列を入力していくと、次のような扱いに困る例が次々に出てくる。どちらのルールを採用するのかによって、集計結果のヲ格名詞の種類が増えたり減ったり、用例数が上がったり下がったりするわけである。

第3章　コロケーション　　57

(4) a.　「テレビとビデオ」→「ビデオ」を入力する？　「テレビとビデオ」を
　　　　入力する？

　　b.　「親の目」→「目」を入力する？　「親の目」を入力する？

　　c.　「CD など」→「CD」を入力する？　「CD など」を入力する？

　　d.　「自転車」→「車」を入力する？　「自転車」を入力する？

　このような場合、絶対的に「正しい」処理方法があるわけではなく、作業者
自身が「これはこう処理した」という明確な説明ができれば問題がない。作業
を進めながら、データを行ったり来たりしつつ、適切な処理方法を見定め、で
きるだけ統一的な方針を立てることが重要である。(4) のような問題に対して
は、例えば、次の (5) のようなルールを作成して対応すればよい。

(5) a.　「A と B ／ A や B」→ B を取ることにする。

　　b.　「A の B」→同上

　　c.　「X など／ X たち／ X だけ」→ X を取ることにする。

　　d.　複合名詞・派生名詞→そのままの形で取ることにする。

　さらに、先に (3) で触れた例や、それに類する例に関しても、必要に応じて
次のようなルールを考えていけばよい。

(6) a.　「眼」と「目」：
　　　　→「目」に統合する（ただし、「～点目」のような数量を表す「目」
　　　　　は「目《単位》」として区別する）。

　　b.　「金」と「お金」：
　　　　→「金」に統合する（ただし、金銭の意味を持つ例のみ。金属の意味
　　　　　を表す「金」は「金（キン）」として区別する）。

　　c.　「生命」と「命」：
　　　　→「生命」の読みが「いのち」なのか「セイメイ」なのかが分からな
　　　　　いため、統合しない。

　このようにして入力し終わった「ヲ格名詞」列について、手順⑤で集計した
ものが、次の表 3.2 と表 3.3 である。

　このようにすると、先に表 3.1 で見た NLB のコロケーションリストと少し異

表3.2 「盗む」のヲ格名詞（中納言）

	ヲ格名詞	用例数
1	目	95
2	物	55
3	金	31
4	車	27
5	時間	10
6	情報	10
7	それ	9
	データ	9
	西瓜	9
10	パスワード	8
	何か	8
	国	8

表3.3 「奪う」のヲ格名詞（中納言）

	ヲ格名詞	用例数
1	目	178
2	心	149
3	命	138
4	自由	86
5	ボール	48
6	点《単位》	43
7	生命	30
8	土地	26
9	唇	25
10	物	23

なる結果になっていることが分かる。先ほど決めた（5）や（6）のルールが影響して、「目」や「物」「金」の用例数が増え、「点」「権」などの用例数が減る結果となった。

2. 検索結果を読み解く 表3.3の「奪う」と共起するヲ格名詞を見ると、「目を奪う」「心を奪う」「命を奪う」「自由を奪う」のように、特定の名詞と結び付いて比喩的な意味を持つ、慣用句的なコロケーションが多いことが分かる。これに対して、表3.2の「盗む」のヲ格名詞では、「目を盗む」「時間を盗む」以外の特殊な表現は見られない。このことから、「盗む」のコロケーションは、具体的な「この特定の名詞と共起する」という結び付きではなく、一段階抽象化した「このタイプの名詞と共起する」というレベルで分析するのがよさそうである。

　特に意味分析を行う場合は、集計したリストを、頻度の高い共起語（リストの上の部分）だけでなく、ある程度下位のものまで見ていくとよい。リストを広く見ていくことにより、共起する名詞を意味的に分類・一般化するための材料が増えるためである。

　例えば、「盗む／奪う」と共起するヲ格名詞のリストを観察し、試しに1種類

第3章　コロケーション　　　　59

ずつ名詞のグループを設定してみたものが次の（7）と（8）である。

　（7）「盗む」対象：《価値ある情報》グループ

　　　　情報、データ、パスワード、デザイン、秘密、アイデア、……

　（8）「奪う」対象：《地位・身分》グループ

　　　　地位、座、職、政権、王位、……

　このような分類作業をする際には、図3.6の用例集のE列「ヲ格名詞」の隣にF列「名詞タイプ」を作成し、《情報》《地位》のようなタイプの情報を入力していけばよい。これにより、共起する具体的な名詞の情報（E列）を残しつつ、そこに意味のタイプという上位概念を表すラベル（F列）を貼って、2段階で名詞の特徴を考えていくことができる。

　例えば、表3.1で見たNLBの「奪う」のコロケーションリスト上位語「権」は、先に提案した（5d）の処理によって「生存権」「既得権」「所有権」などの複合語に分散し、下位に沈むことになってしまった。しかし、これらの語を一つの意味タイプ《権利・権限》としてまとめれば、再び光を当てることができる。さらに、類義のヲ格名詞「人権」「特権」や「権限」などとともにグループ化していくこともできる。このような手順で、「《権利・権限》を奪う」という、「奪う」の一つのまとまった用法を捉えることができる（図3.7）。

　また、人名や地名のような固有名詞は、当然、頻度として低い値になるが、分析の上で意味を持たないわけではない。例えば、「悦子【人名】」「伊豆【地名】」のようにヲ格名詞欄（E列）に入力しておけば、ExcelのフィルターN機能

D	E	F	G	H
前文	ヲ格名詞	名詞タイプ	キー	後文脈
|と|して|の|財産|権|(を)|	財産権	権利・権限	れ|た|。#戦争|まで|に|は|、|神
-|派閥|から|人事|権|(を)|	人事権	権利・権限	奪い	|、|人事|権|は|総理|に|ある|こと
ル|部|から|自治|権|(を)|	自治権	権利・権限	奪い	|、|清|の|直轄|下|に|おい|た|。
ティリャ|の|統治|権|(を)|	統治権	権利・権限	奪わ	れる|結果|に|なっ|た|こと|だろ
し|て|い|た|。#実権|(を)|	実権	権利・権限	奪わ	れ|て|酒色|に|溺れ|た|彼|は|が
ンズ|卿|ら|に|実権|(を)|	実権	権利・権限	奪わ	れ|て|い|た|保守|派|の|巻返し
-|中臣|)|氏|に|実権|(を)|	実権	権利・権限	奪わ	れ|て|ゆく|磯部|氏|、|検非違使
長|に|伊勢|の|実権|(を)|	実権	権利・権限	奪わ	れ|た|北畠|具教|も|、|信長|に
|の|ニム|は|主権|(を)|	主権	権利・権限	奪わ	れ|た|祖国||民族|に|とする|
|「きみ|から|親権|(を)|	親権	権利・権限	奪おう	|と|する|よう|な|男|だ|と|は|思わ
|から|、|結局|親権|(を)|	親権	権利・権限	奪っ	|て|後見|人|を|選任|する|と|か|
|、|それ|ゆえ|人権|(を)|	人権	権利・権限	奪わ	れ|て|いる|人々|―|異教|徒|に

図3.7　「《権利・権限》タイプの名詞＋を＋奪う」の例

を使ってそれらを抽出し、F列で《人》や《土地》のようなタイプとしてまとめることが容易になる。これにより、例えば「妻」「婚約者」「悦子【人名】」などの例を合わせて、「《人》を奪う」というまとまった用法として捉えることができる。

このような分析を重ねていくことで、先の（2）で提案したような動詞の持つ意味的特徴を見つけたり検証したりすることがしやすくなる。国語辞典の意味記述（語義）は、このようにして具体的なデータを徐々に抽象化していくことで導かれたものなのである。

演習 2 「中納言」で「結ぶ」と「繋ぐ」のコロケーションを分析しよう。

引き続き「中納言」を使って、動詞のコロケーションを実際に分析してみよう。ここでは、「細長いものを（使って）結合する」ことで意味的に共通しそうな類義語「結ぶ（むすぶ）」と「繋ぐ（つなぐ）」を扱うことにする。

ステップ0
コーパスによる言葉の分析は、言語感覚を使用実態から裏付けたり、私たちが気付いていない現象を発見したりできるという利点を持っている。

「中納言」を使う前に、頭の体操をしてみよう。まず、自分の感覚や知識を使って、よく使われそうなヲ格名詞と「結ぶ」「繋ぐ」のコロケーション（「〜を結ぶ」「〜を繋ぐ」）を、それぞれ5種類ずつ書き出してみよう。

ステップ1
では、実際に「中納言」を使って検索しよう。これらの動詞は用例が多いので、今回は演習がしやすいように、BCCWJの検索対象を変更し、サブコーパス「新聞」と「雑誌」に限定することにする。

まず、「短単位検索」の検索画面の「検索対象」の欄にある「検索対象を選択」ボタンをクリックする。「検索対象の選択」画面が出たら、「レジスター」のリストの中から、「出版・新聞」と「出版・雑誌」の「コア／非コア」両方にチェックを入れ、最後に右下の "OK" ボタンをクリックする（図3.8）。

第3章　コロケーション　　　　　　　　　　　　　　61

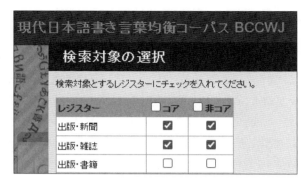

図 3.8　「中納言」の検索対象の選択

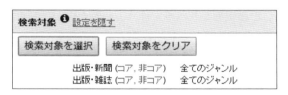

図 3.9　「中納言」の検索対象の設定

　これで「検索対象」欄が「全て」から図 3.9 のように変更されたはずである。
　次に、直前のヲ格名詞と動詞のコロケーションを検索するために、検索条件を設定する。**例題 2**（「盗む／奪う」）の**検索の手順**と同じ要領で「前方共起条件の追加」をし、次のような条件にする（「繋ぐ」の検索時も、同様の条件を設定する）。
　　「前方共起 1」の欄：　［語彙素］が［を］
　　「キー」の欄：　［語彙素］が［結ぶ］
　この条件で「検索」をクリックすると、「結ぶ」は 221 件、「繋ぐ」は 136 件になっているはずである。「検索結果をダウンロード」し、加工用の CSV ファイルを入手しよう。

ステップ 2
　例題 2 のデータ加工の手順と同じ要領で、CSV ファイルを Excel で開き、データを加工して、用例集計用シートを作成する。分析まで含めた全体的な流れとして、**演習 1**（「握る／摑む」）で示した手順を再掲する。

62　　　第3章　コロケーション

　　1)　それぞれの動詞と共起しやすい名詞のリストを作成する。

　　2)　それらの名詞の共通点を検討する。　（分類と一般化）

　　3)　それぞれの動詞の意味的特徴を検討する。　（意味分析）

　まず1)では、適宜ルールを考えながら、E列「ヲ格名詞」を埋めていく。このとき、**ステップ0**で直感を使って書き出したコロケーションの用例が（どの程度）得られているか、確かめてみよう。新聞と雑誌における実態は、案外、我々が直感的に典型だと考える例とずれているのではないだろうか。

　次に2)で、名詞を意味タイプごとにまとめよう。「実を結ぶ」のような慣用句的な表現は、そのまま《実》でよいだろう。一方で、例えば「リボン」「紐」などや、「契約」「協定」「同盟」などは、それぞれをまとめる意味タイプが立てられそうである。どのようなラベルを付けるのがよいか、考えてみよう。

　3)では、それぞれの動詞が具体的に「（どのようなものを使って）何をどうする」ことを表す動詞なのか言葉で表現し、まとめてみよう。

　一から自分の言葉で表現するのが難しい場合、国語辞典の意味記述を参考にしながら、コロケーションの実態を踏まえて、その記述を検証したり充実させたりする形で定義文を作る練習をしてみると、よいトレーニングになる。このとき、2語の記述を比較し、異同のポイントを押さえながら対比的に定義を考えると、類義語の分析としてまとめることができる。

発展

　ここまでの演習では、「ヲ格名詞＋動詞（他動詞）」のコロケーションを見てきたが、もちろん、コロケーションはこのパターンに限られない。例えば、次のようなコロケーションの分析にも取り組んでみよう（中俣（2021）では、「中納言」の使用法の基礎やさまざまな分析事例が解説されており、参考になる）。

　[1]　他の格と動詞、例えば、「ガ格名詞＋動詞」や「ニ格名詞＋動詞」のコロケーションを探す。

　　　　例：「〜が＋やむ（止む）」「〜に＋値する」の形のコロケーションにはどのようなものがあるか。

　[2]　名詞を検索して、その後の格助詞や動詞とどのようなコロケーションを作るのかを見る。

　　　　例：「疑念」「プレッシャー」はどのような格助詞・動詞とコロケーショ

第3章　コロケーション

ンを作るか。

[3]　名詞を検索して、その後の格助詞や形容詞とどのようなコロケーションを作るのかを見る。

　　　例：「効果」「リスク」は「高い」か「強い」か「大きい」か。

[4]　直接隣接しない、離れた位置の成分とのコロケーションを探す。

　　　例：ここまで見たテーマで、共起語が動詞の直前に来ない例も含めて検討する。例えば、「馬を２頭盗む」のような例を検索結果に含めるにはどうしたらよいか。同様に、「～をこっそり盗む」のようなオノマトペなどの副詞（的成分）と動詞の特徴的な共起について検討する。

　これらの分析の手順としては、本章でステップアップしてきたように、まずNLBを使ってどのような文型をとりやすいかの概略を確認し、厳密な用例の検討や集計は「中納言」で行うとよい。このとき、「中納言」の最適な検索条件は、意図した検索結果が得られているかどうかを見ながら考えていく必要がある（コラム「検索結果とコーパスの仕様」参照）。この点については、とにかく手と頭を使って練習あるのみである。

　なお、コロケーションの分析ではさらに、「「てある」の前に来る動詞」を調べる（中俣、2021）、「複合表現「につき」や副助詞「だに」が作るフレーズ」を探す、というように、より文法的な表現を扱う場合もある。

----- コラム -----

検索結果とコーパスの仕様

　例題２で「盗む」のCSVファイルを整理しているときに、「キー」欄が「盗める」という形になっている例が見つかった（図3.10）。一般的に「盗む」（五段活用動詞）と「盗める」（下一段活用の可能動詞）は別の動詞と考えるのだが、なぜ「盗む」の検索結果に「盗める」が含まれているのだろうか？

　BCCWJで扱われる言葉の単位の設計に関する解説書である小木曽・中村（2011：12-13）には、BCCWJでは一般の動詞と可能動詞の区別を「語形」のレベルで行っており、より上位の「語彙素」のレベルでは区別しない（例えば、

D	E	F	G	H	I	J
前文	ヲ格名詞	キー	後文脈	語彙素	語彙素読	語彙素
ます］。#モーション］(を)］	モーション	盗める	か］どう］か］は］、］牽制］を］投げ］た］とき］の］フォ	28720	ヌスム	盗む
戦う］と］敵の］武器］(を)］	武器	盗める	が］、］その］かわり］周囲］3］マス］以内］の］味方	28720	ヌスム	盗む

図3.10　語彙素「盗む」で検索された「盗める」の用例

語彙素「書く」の具体的な語形として「カク（書く）」と「カケル（書ける）」がある）としている。ここから、「中納言」で語彙素「盗む」を検索した結果には、「盗む」の活用形「盗ま／盗み／盗む／……」のほかに、可能動詞「盗める」も含まれていることになる。

　このように「盗む」のような一つの動詞の用例を探して検討するだけでも、単位や表記のゆれの扱いに加え、このような「何をその語と認めるか」という大きな問題と向き合うことになる。コーパスは便利な道具であるが、そのコーパスの「作られ方（仕様）」を理解しないと、おかしな検索の結果からおかしな分析を導く危険性がある（それは、「コーパスのせい」ではなく、「分析者のせい」である）。検索結果を見て「あれ？」と思ったときには、その感覚を大事にして、検索条件やコーパスの仕様を確認することを心がけたい。

参 考 文 献

赤瀬川史朗・パルデシ、プラシャント・今井新悟（2016）『日本語コーパス活用入門
　　―NINJAL-LWP 実践ガイド―』、大修館書店

大曾美惠子（2005）「コーパスによるコロケーションの特定―日本語学習辞書の充実
　　を目指して―」、影山太郎（編）『レキシコンフォーラム No.1』、ひつじ書房、11-
　　23

小木曽智信・中村壮範（2011）『『現代日本語書き言葉均衡コーパス』形態論情報デー
　　タベースの設計と実装 改訂版』、国立国語研究所

金田一秀穂（監修）（2006）『知っておきたい 日本語コロケーション辞典』、学習研究
　　社

田野村忠温（2012）「日本語のコロケーション」、堀正広（編）『これからのコロケー
　　ション研究』、ひつじ書房、193-226

中俣尚己（2021）『『中納言』を活用したコーパス日本語研究入門』、ひつじ書房

原卓志（2018）「学習者の発見を促すことばの学習指導―類義語を取り扱った授業を
　　中心に―」、『鳴門教育大学授業実践研究』17、15-22

姫野昌子（監修）（2012）『研究社日本語コロケーション辞典』、研究社

第4章
文法形式のバリエーション

丸山岳彦

導入 「バリエーション」にはどのような種類があるだろうか。

　ある言語体系において、意味的・機能的に等価な言語形式が複数存在する場合、それらは「バリエーション」あるいは「ゆれ」と呼ばれる。例えば「鏡」という語の発音には、「が」の音が濁音（ガ）で発音される場合と、鼻濁音（カ゜）で発音される場合とがあるが、いずれも「鏡」と解釈される。これは、意味的な等価性を持つ2つの実現形式があるという点で、「発音のバリエーション」または「発音のゆれ」ということになる。
　言語のバリエーションを広く見渡すと、以下のようなものが挙げられる。

- 発音のバリエーション： a. カ<u>ガ</u>ミ・カ<u>カ゜</u>ミ、b. ワル<u>ク</u>チ・ワル<u>グ</u>チ、c. ゼ<u>ンイ</u>ン・ゼ<u>ーイ</u>ン
- 表記のバリエーション： a. 何<u>歳</u>・何<u>才</u>、b. 行<u>う</u>・行<u>なう</u>、c. ライ<u>ブ</u>・ライ<u>ヴ</u>、d. <u>オープン</u>・<u>OPEN</u>
- 語形のバリエーション： a. <u>やはり</u>・<u>やっぱり</u>・<u>やっぱし</u>・<u>やっぱ</u>、b. 行く<u>と</u>言った・行く<u>って</u>言った、c. 来る<u>の</u>です・来る<u>ん</u>です
- 文法形式のバリエーション： a. 見<u>られ</u>ない・見<u>れ</u>ない、b. 独特<u>な</u>・独特<u>の</u>、c. し<u>ません</u>・し<u>ないです</u>、d. 水<u>が</u>飲みたい・水<u>を</u>飲みたい、e. 僕<u>が</u>書いた本・僕<u>の</u>書いた本
- 類義表現のバリエーション： a. 大き<u>い</u>・大き<u>な</u>、b. <u>全然</u>・<u>全く</u>、c. 行け<u>ば</u>・行っ<u>たら</u>・行く<u>なら</u>・行く<u>と</u>、d. 来る<u>から</u>・来る<u>ので</u>

　発音のバリエーションは、a. 鼻濁音化の有無や、b. 連濁の有無、c. 発音の怠

け（転訛）などの点でゆれが生じるものである（第6章参照）。表記のバリエーションは、a. 異なる字の選択、b. 送り仮名の振り方、c. 外来語音の表記、d. 文字種の選択などの点でゆれが生じる場合である（コーパスで学ぶ日本語学『日本語の語彙・表記』参照）。語形のバリエーションは、ある語に複数の実現形式が存在する場合である。a.「{やっぱり・やっぱし}」、b.「行く {と・って} 言った」、c.「来る {の・ん} です」のように、特に書き言葉と話し言葉の間でゆれが生じることが多い。文法形式のバリエーションには、a.「ら抜き言葉」（第2章参照）や、b. ナ形容詞の語幹がナではなくノの形で名詞に接続する場合、c. 丁寧体の述語を否定する「～ません」と「～ないです」のゆれ、d.「～たい」を述語に含む文の中で目的格を表すガ格・ヲ格のゆれ、e. 連体節中の主格を表すガ格・ノ格のゆれなどが挙げられる。さらにこれらの周辺にある現象として、複数の言語形式がよく似た意味を表す類義表現のバリエーションがある。

　バリエーションの種類を記述し、ある言語形式が使われる言語内的な要因・言語外的な要因を探ることによって、言語変化が進行する過程とそのメカニズムを明らかにしようとするのが、「変異理論（variation theory）」である。コーパスを用いた日本語の変異研究としては、これらのバリエーションがどのような歴史的経緯をたどり、現在どのように使われているのか、話し手・書き手の属性や文脈・使用場面によって使われ方に違いがあるかといった問題を、種々のコーパスをもとに数量的に明らかにしていくことが求められる。

　言語の使用者や使用文脈・使用場面によって、言葉の使われ方は変わるものである。例えば、書き言葉と話し言葉の違いや、ジャンル・表現様式の違い、話し相手の違いなどによって、使われる言葉のあり方はさまざまに変わりうるだろう。社会におけるさまざまな場面・状況と、そこで使われる言語形式の対応を明らかにする研究を、「位相研究」と呼ぶ。さまざまなタイプのコーパスを駆使して、どのような場面でどのような言語形式が選ばれやすいのか、社会と言葉における位相の実態を記述していく作業は、今後のコーパス言語学にとって重要な研究課題の一つである。

　第2章では、一段動詞の可能形が示すバリエーションとして「ら抜き言葉」の分布を調べたが、バリエーションには他にも多くの種類がある。本章では、いくつかの語形・文法形式のバリエーションを検索し、その出現状況や偏りを分析していくことにしよう。

第4章　文法形式のバリエーション　　　　67

例題 1　BCCWJ で接続助詞「けれども」のバリエーションを調べよう。

　接続助詞の「けれども」には、以下のように、「ケレドモ」「ケレド」「ケドモ」「ケド」という4つの異なる実現形式がある。

- (1)　魅力を挙げていけばキリがない<u>けれども</u>、何よりも文章がいい。
- (2)　いろいろな説もある<u>けれど</u>、きわめてメンタルな要素があるものなのだ。
- (3)　非常に魅力は感じるんだ<u>けども</u>、ランニングコストがかかるでしょう。
- (4)　嘘を言う奴はいくらもいる<u>けど</u>、自分で自分に嘘をつく奴なんて初めてだ。

　これら4つは、意味・機能がほぼ等しく、形態のみが異なる文法形式であるという点で、「文法形式のバリエーション」と言える。では、これら4つの形式のうち、実際の書き言葉の中で最も多く使われているのは、どの形だろうか。また、書き言葉の種類（メディアの違い）によって、その分布に違いはあるだろうか。

　ここでは、『現代日本語書き言葉均衡コーパス』（BCCWJ）を使って、これら4つの形式の出現数を調べることにする。BCCWJ に含まれる11種類のメディアのうち、「書籍（出版サブコーパス）」「雑誌」「新聞」「Yahoo! 知恵袋」「Yahoo! ブログ」「国会会議録」の6種類を対象として、接続助詞「けれども」の4形式を調べてみよう。事前の仮説として、以下の2点を挙げておく。

- (A)　「ケド」は口語的な性格が強いため、書き言葉の中にはあまり現れない。
- (B)　出現数は「ケレドモ」「ケレド」「ケドモ」「ケド」の順に少なくなる。

■ データ作成の手順

① 「中納言」で、BCCWJ から「検索対象」に「出版・書籍」「出版・雑誌」「出版・新聞」「特定目的・知恵袋」「特定目的・ブログ」「特定目的・国会会議録」を指定する（コア・非コアの両方）。

② 「長単位検索」から、キーの「語彙素」に「けれど」を指定し、「長単位の条件の追加」から「品詞」の「中分類」に「助詞-接続助詞」を指定して、「検索結果をダウンロード」を押す。

※短単位検索を利用すると、例えば接続助詞「けど」を検索した際、文頭の「だけど」という接続詞としての用例が混入してしまう。このことを防ぐために、長単位検索を利用する。

③ ダウンロードされた CSV ファイルを Excel で開き、以下の手順でデータを整理し、Excel ブックとして保存する。

 a. A列に新しい列を挿入し、4つの文法形式を整理するための列を作成する。列名は「タイプ」としておく。

 b. 1行目に「フィルター」を適用し、「語形」列のうち「ケレド」で始まるものにチェックを入れる。さらに「後文脈」列から「テキストフィルター」で「|も|で始まる」と「|も#で始まる」を OR 条件で指定する（図4.1）。これにより、「ケレドモ」の用例を抽出できる。その状態で、「タイプ」列の全ての行に「ケレドモ」と入力する。

 c. そのまま「後文脈」列から「テキストフィルター」で「|も|で始まらない」と「|も#で始まらない」を AND 条件で指定して（図4.2）、「ケレド」の用例を抽出する。「タイプ」列の全ての行に「ケレド」と入力する。

 d. 次に、「フィルター」で「語形」列のうち「ケド」で始まるものにチェックを入れ、さらに「後文脈」列から「テキストフィルター」で「|も|で始

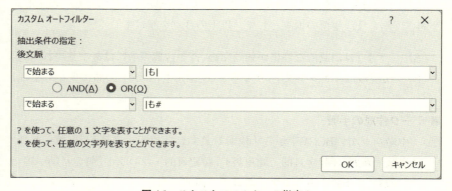

図 4.1 テキストフィルターの指定1

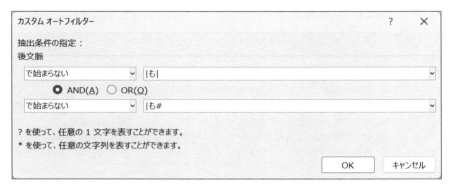

図 4.2　テキストフィルターの指定 2

<table>
<tr><th></th><th>A</th><th>B</th><th>C</th><th>D</th><th>E</th><th>F</th><th>G</th><th>H</th><th>I</th><th>J</th><th>K</th><th>L</th></tr>
<tr><td>1</td><td>タイプ</td><td>サンプルI</td><td>開始位置</td><td>連番</td><td>前文脈</td><td>キー</td><td>後文脈</td><td>語彙素読み</td><td>語彙素</td><td>語彙素細分</td><td>語形</td><td>品詞</td></tr>
<tr><td>2</td><td>ケド</td><td>OC01_000</td><td>2560</td><td>1560</td><td>か|・|・|</td><td>けど</td><td>|。#ただ|</td><td>ケレド</td><td>けれど</td><td></td><td>ケド</td><td>助詞-接続助詞</td></tr>
<tr><td>3</td><td>ケド</td><td>OC01_000</td><td>1190</td><td>610</td><td>純粋|で|朴</td><td>けど</td><td>|。</td><td>ケレド</td><td>けれど</td><td></td><td>ケド</td><td>助詞-接続助詞</td></tr>
<tr><td>4</td><td>ケド</td><td>OC01_000</td><td>2930</td><td>1500</td><td>んでしょう</td><td>けど</td><td>|・|・|・|</td><td>ケレド</td><td>けれど</td><td></td><td>ケド</td><td>助詞-接続助詞</td></tr>
<tr><td>5</td><td>ケド</td><td>OC01_000</td><td>1110</td><td>510</td><td>が|ゴーレ</td><td>けど</td><td>|がんばる</td><td>ケレド</td><td>けれど</td><td></td><td>ケド</td><td>助詞-接続助詞</td></tr>
<tr><td>6</td><td>ケド</td><td>OC01_000</td><td>2040</td><td>860</td><td>。#最高D</td><td>けど</td><td>|それ|だけ</td><td>ケレド</td><td>けれど</td><td></td><td>ケド</td><td>助詞-接続助詞</td></tr>
<tr><td>7</td><td>ケド</td><td>OC01_000</td><td>980</td><td>510</td><td>に|行き|た</td><td>けど</td><td>|、|5|は|</td><td>ケレド</td><td>けれど</td><td></td><td>ケド</td><td>助詞-接続助詞</td></tr>
<tr><td>8</td><td>ケド</td><td>OC01_000</td><td>200</td><td>100</td><td>麻雀点数計</td><td>けど</td><td>|そう|な|</td><td>ケレド</td><td>けれど</td><td></td><td>ケド</td><td>助詞-接続助詞</td></tr>
<tr><td>9</td><td>ケド</td><td>OC01_000</td><td>510</td><td>260</td><td>て|た|んで</td><td>けど</td><td>|みんな|使</td><td>ケレド</td><td>けれど</td><td></td><td>ケド</td><td>助詞-接続助詞</td></tr>
<tr><td>10</td><td>ケド</td><td>OC01_000</td><td>560</td><td>270</td><td>頼ま|れ|た</td><td>けど</td><td>|・|・|・#</td><td>ケレド</td><td>けれど</td><td></td><td>ケド</td><td>助詞-接続助詞</td></tr>
<tr><td>11</td><td>ケド</td><td>OC01_000</td><td>510</td><td>290</td><td>ます|よ|ね</td><td>けど</td><td>|お教えし</td><td>ケレド</td><td>けれど</td><td></td><td>ケド</td><td>助詞-接続助詞</td></tr>
<tr><td>12</td><td>ケドモ</td><td>OC01_000</td><td>1300</td><td>670</td><td>少人数|で</td><td>けど</td><td>|も|つくっ</td><td>ケレド</td><td>けれど</td><td></td><td>ケド</td><td>助詞-接続助詞</td></tr>
<tr><td>13</td><td>ケド</td><td>OC01_000</td><td>1110</td><td>620</td><td>で|、|大体</td><td>けど</td><td>|。#囲碁|</td><td>ケレド</td><td>けれど</td><td></td><td>ケド</td><td>助詞-接続助詞</td></tr>
</table>

図 4.3　接続助詞「けれども」のバリエーションの整理

まる」OR「|も# で始まる」と指定して、「ケドモ」の用例を抽出する。「タイプ」列の全ての行に「ケドモ」と入力する。

e. そのまま「後文脈」列から「テキストフィルター」で「|も|で始まらない」AND「|も# で始まらない」と指定して、「ケド」の用例を抽出する。「タイプ」列の全ての行に「ケド」と入力する。

④ フィルターを解除すると、全ての用例に対してタイプが指定された状態になる（図 4.3）。

⑤ ピボットテーブルを作成する。「レジスター」を「行」に、「タイプ」を「列」に指定し、さらに「レジスター」を「値」のフィールドにドラッグアンドドロップすると、表 4.1 のようなクロス表が得られる。

表 4.1 接続助詞「けれども」のバリエーションの出現数（BCCWJ）

個数／レジスター 行ラベル	列ラベル ケド	ケドモ	ケレド	ケレドモ	総計
出版・雑誌	2,875	8	638	125	3,646
出版・書籍	8,406	108	2,815	1,409	12,738
出版・新聞	178		55	6	239
特定目的・ブログ	21,729	311	1,770	246	24,056
特定目的・国会会議録	30	24	44	16,881	16,979
特定目的・知恵袋	14,801	49	687	96	15,633
総計	48,019	500	6,009	18,763	73,291

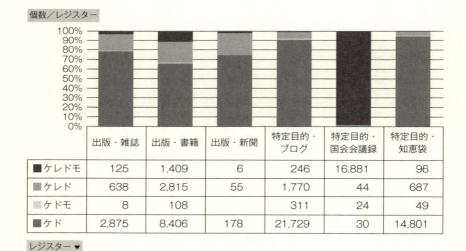

図 4.4 接続助詞「けれども」のバリエーションの分布（BCCWJ）

⑥ メニューの「ピボットテーブル分析」から「ピボットグラフ」を選び、「100％積み上げ縦棒」を選択して、ピボットグラフを作成する。「デザイン」メニューから「色の変更」で色を変更し、「クイックレイアウト」からレイアウトを変更すると、図4.4のようなグラフを得ることができる。

■ 考 察

表4.1のクロス表から分かるように、「けれども」の4つのバリエーションの

中では「ケド」の出現数が圧倒的に多かった。以下、「ケレドモ」「ケレド」の順に続き、「ケドモ」が圧倒的に少ない、という結果となった。これは、「(A)「ケド」は口語的な性格が強いため、書き言葉の中にはあまり現れない」「(B)出現数は「ケレドモ」「ケレド」「ケドモ」「ケド」の順に少なくなる」と想定した事前の仮説とは異なる結果である。

　図4.4のグラフを見ると、Yahoo! 知恵袋、Yahoo! ブログにおいて「ケド」の比率が90%を超えており、特によく使われていることが分かる。前者は一般人同士の質問と回答によって成立するQ&A形式のテキスト、後者はやはり一般人が書いた日記風のテキストであり、いずれもカジュアルなスタイルを持つ書き言葉であると言える。ここから、一般人の書き手によるカジュアルなスタイルの中では、書き言葉であっても、「ケド」が多く使われる傾向にあると考えることができる。例を挙げよう。

(5)　赤ってかわいく見える<u>けど</u>、黒髪には奇抜過ぎますよね？　　（知恵袋）

(6)　知らない方だったんだ<u>けど</u>、えらく盛り上がってしまった！（ブログ）

　ところが、プロの書き手が執筆し、編集者による校閲が入っているはずの雑誌、書籍、新聞においても、最も比率が高いのは「ケド」である。これらが実際に使用されている文脈を調べてみると、以下のように、インタビュー記事や小説の会話文の中で「ケド」が用いられている場合が多いことが分かった。すなわち、話し言葉を引用する文脈で、「ケド」が多用されているということになる。

(7)　「パパ、何度も言うようだ<u>けど</u>、そっとしといて」　　　　　（書籍）

(8)　「すごい選手だ<u>けど</u>、年齢がね…」と考えている人は多いだろう。

（雑誌）

(9)　「ミスもあった<u>けど</u>、出来には満足している」と喜んだ。　　（新聞）

　一方、国会会議録では「ケレドモ」が圧倒的多数（約99%）を占めている。国会会議録は、国会での答弁という改まったスタイルの話し言葉を文字化したものであるが、このようなスタイルにおいては、「ケレドモ」が優先的に選択されていると言える。

(10) 抑止論から脱却すべきではないかという御質問でございます<u>けれど</u><u>も</u>、遺憾ながら現在の国際情勢は…　　　　　　　　（国会会議録）

　以上の分析から、接続助詞「けれども」の4つのバリエーションのうち、書き言葉の中で最も多く現れる形式は「ケド」であること、これらはカジュアルなスタイルの書き言葉や、話し言葉を引用する文脈で多く現れていることが分かった。ここから、書き言葉のスタイルの違い（改まったスタイル・カジュアルなスタイル）や、書き言葉・話し言葉の違いが、「けれども」の4形式の現れ方に強く影響を与えていると考えることができる。

■ 解説1　位相差と文法形式のバリエーション

　ここまで、接続助詞「けれども」の4つのバリエーションが、書き言葉の種類（メディアの違い）に応じて分布が異なることを見てきた。このことを、本章の冒頭に挙げた「位相研究」という視点から考えてみたい。
　田中（1999）によれば、「位相」とは次のように定義される。

　　社会的な集団や階層、あるいは、表現上の様式や場面それぞれにみられる、言語の特有な様相を「位相」と言い、それに基づく、言語上の差異を「位相差」と呼ぶ。　　　　　　　　　　　　　　　　　　　　　（p. 1）

　田中（1999）は、位相差をもたらす要因として、「社会的位相」「様式的位相」「心理的位相」という分類を提示している。このうち前者2つは、以下のように分類される。
　•社会的位相：　性別によるもの、世代によるもの、身分・階層によるもの、職業・専門分野によるもの、社会集団によるもの
　•様式的位相：　書きことば・話しことばの差異によるもの、文章のジャンル・文体の差異によるもの、場面・相手の差異によるもの、伝達方式の差異によるもの
　例えば「社会的位相」の「性別によるもの」であれば、男性の言葉遣いと女性の言葉遣いの違いを指す。先に見た接続助詞「けれども」の4つのバリエーションは、改まったスタイル・カジュアルなスタイルの違いに注目した場合は「様式的位相」の「文章のジャンル・文体の差異によるもの」に該当し、書き言

第 4 章　文法形式のバリエーション　　73

葉・話し言葉の違いに注目した場合は「書きことば・話しことばの差異による
もの」に該当する、ということになるだろう。

　では、書き言葉の中に引用された話し言葉ではなく、実際に発話された話し
言葉の中では、接続助詞「けれども」の4つの形式はどのような分布を示すの
だろうか。その分布は、BCCWJ で見た分布とは異なるのだろうか。また、話
し言葉のスタイルの違いによって、分布は異なるだろうか。そこで以下では、
『日本語話し言葉コーパス』（CSJ）を使って、接続助詞「けれども」の出現状
況を調べてみることにする。

　「中納言」で、CSJ から「検索対象」に「コア」の「独話・学会」「独話・模
擬」「対話（全て）」にチェックを入れて、「けれども」のバリエーションである
4つの形式を検索することにする（なお、CSJ には長単位データが格納されて
いないため、短単位検索を利用する）。「独話・学会」は「学会講演」と呼ばれ
る、学術学会における学会発表の録音である。「独話・模擬」は「模擬講演」と
呼ばれる、さまざまなトピックに関する一般人の講演（スピーチ）である。「対
話」は、課題指向対話やインタビュー、自由対話など、2名による対話である。
スタイルとしては、学会講演が最も改まったスタイル、対話が最もカジュアル
なスタイル、模擬講演がその中間、と位置付けられる。

　データ作成の手順は BCCWJ の場合と同様である。なお、ダウンロードした
CSV ファイルのうち、「音声のタイプ」列にある「対話・課題」「対話・学会」
「対話・模擬」は、全て「対話」に書き換えておく。この条件で検索・集計した
結果を、表 4.2、図 4.5 に示す。

　CSJ における音声のタイプは、「独話・学会」「独話・模擬」「対話」の順に改
まり度が低くなっていくと言えるが、この改まり度の違いが、「けれども」の4

表 4.2　接続助詞「けれども」のバリエーションの出現数（CSJ）

個数／タイプ 行ラベル	列ラベル ケド	ケドモ	ケレド	ケレドモ	総計
対話	242	22	4	25	293
独話・学会	58	128	13	438	637
独話・模擬	738	397	52	888	2,075
総計	1,038	547	69	1,351	3,005

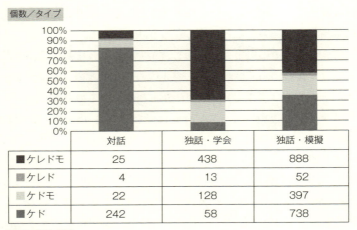

図 4.5 接続助詞「けれども」のバリエーションの分布（CSJ）

形式の出現傾向に明確に現れている。すなわち、「対話」では「ケド」が圧倒的に多く、「独話・学会」では「ケレドモ」が顕著に多い。「独話・模擬」はその中間である。これは、BCCWJ の観察から得られた、改まったスタイルの中では「ケレドモ」が利用され、カジュアルなスタイルの中では「ケド」が多用されるという傾向と一致する。話し言葉の中でも、優先的に使われる文法形式の傾向にスタイルの違いが影響していると見てよい。

また、興味深いのは、「ケドモ」と「ケレド」の比率が、BCCWJ と CSJ との間でほぼ正反対の分布を示していることである。「ケドモ」は、BCCWJ ではほとんど使われていないが（書籍で 0.8%、雑誌で 0.2%、新聞で 0% など）、CSJ では一定の比率で使われている（学会で 20.1%、模擬で 19.1%、対話で 7.5%）。一方、「ケレド」は、CSJ では非常に少ないが（学会で 2.0%、模擬で 2.5%、対話で 1.4%）、BCCWJ では一定の比率で出現している（書籍で 22.1%、雑誌で 17.5%、新聞で 23.0% など）。このように、書き言葉と話し言葉の間で文法形式のバリエーションが異なる分布を示すという事実は、内省では極めて予測しにくく、コーパスを用いることによって初めて明らかになる言葉の姿であると言える。

第 4 章　文法形式のバリエーション　　75

演習 1　接続助詞「が」を加えて再分析してみよう。

　接続助詞「が」は、接続助詞「けれども」とよく似た働きをする文法形式である。

(11)　少し上品にならないものかと思っていました<u>が</u>、最後まで押し通してしまいました。　　　　　　　　　　　　　　　　　　　　　（書籍）

(12)　御答弁がいただけるのかなと思っていました<u>けれども</u>、まことに残念でございます。　　　　　　　　　　　　　　　　　　　（国会会議録）

　ここでの「が」と「けれども」は相互に入れ替え可能であることから、両者は類義表現と言える。では、「が」と「けれども」（の 4 形式）は、書き言葉・話し言葉の中でどのように分布しているだろうか。スタイルの違い、書き言葉と話し言葉の違いによって、「が」と「けれども」の分布は異なるだろうか。

　ここまでで分析してきた「けれども」の 4 形式に、接続助詞「が」を加えて、再分析してみよう。各自で事前に仮説を立てた上で、BCCWJ の各レジスター、および BCCWJ と CSJ に現れた「が」「けれども」を集計し、ピボットグラフを作り、そこからどのようなことが読み取れるか、検討してみよう。

例題 2　BCCWJ で「ません」と「ないです」の分布を調べよう。

　動詞の否定形が丁寧体になる場合、以下のように 2 つの異なる実現形式が存在する。

(13)　後で泣いても絶対に言うことは<u>聞きません</u>。　　　　　　（知恵袋）

(14)　気持ちを汲み取らなければ言うことは<u>聞かないです</u>。　　（書籍）

　動詞の否定形が丁寧体になる場合として、(13) では「聞きません」、(14) では「聞かないです」という形が現れている。この場合、「ません」と「ないで

す」という2つの文法形式は、その意味・機能がほぼ等しく、形態が異なる点で、「文法形式のバリエーション」であると言える。

　以下では、BCCWJ の中から動詞の否定形である「ません」と「ないです」を検索し、その現れ方の違いについて検討してみよう。事前の仮説として、読者自ら、以下の3点について考えておいてほしい。

(C) 「ません」と「ないです」の出現数は、どちらがどれくらい多いか。

(D) 「ません」と「ないです」に前接する動詞の種類には、違いがあるか。

(E) レジスターの違いによって、「ません」と「ないです」の分布は異なるか。

■ データ作成の手順1：「ません」

① 「中納言」で、BCCWJ から「検索対象」に「出版・書籍」「出版・雑誌」「出版・新聞」を指定する（コア・非コアの両方）。
　　※「Yahoo! 知恵袋」「Yahoo! ブログ」「国会会議録」を入れると、ダウンロードの上限である10万件を超えてしまうので、2回に分けて検索を実施する。

② 「短単位検索」から、キーの「品詞」の「大分類」に「動詞」を指定し、「短単位の条件の追加」から「活用形」の「大分類」に「連用形」を指定する。

③ 後方共起1（キーから1語）の「書字形出現形」に「ませ」、後方共起2（キーから2語）の「書字形出現形」に「ん」を指定し（図4.6）、「検索結果をダウンロード」を押して、CSV ファイルをダウンロードする（a）。

④ 次に「特定目的・知恵袋」「特定目的・ブログ」「特定目的・国会会議録」（コア・非コアの両方）を検索対象に指定して、上記と同様の条件で検索し、CSV ファイルをダウンロードする（b）。

⑤ ダウンロードされたaとbの CSV ファイルを統合する。2つのファイルをExcelで開き、bの1行目にあるヘッダ行を削除した上で、「すべて選択」→「コピー」して、aの最終行に移動してペーストする。CSV ファイルの統合ができたら、"BCCWJ_V_masen.xlsx" として保存する（ファイルの種類を「Excel ブック（*.xlsx)」に変更すること）。

⑥ ピボットテーブルを作成する。「語彙素」を「行」に指定して、さらに「語彙素」を「値」のフィールドにドラッグアンドドロップする。次に「個

第 4 章　文法形式のバリエーション　　77

図 4.6　検索条件の指定

数／語彙素」(B 列) の数値を右クリック→「並べ替え」→「降順」とする (図 4.7)。これで、「ません」に前接する動詞の頻度表 (降順) ができる。

■ データ作成の手順 2：「ないです」

① 「中納言」で、BCCWJ から「検索対象」に「出版・書籍」「出版・雑誌」「出版・新聞」「特定目的・知恵袋」「特定目的・ブログ」「特定目的・国会会議録」を指定する (コア・非コアの両方)。

② 「短単位検索」から、キーの「品詞」の「大分類」に「動詞」を指定し、「短単位の条件の追加」から「活用形」の「大分類」に「未然形」を指定する。

③ 後方共起 1 (キーから 1 語) の「書字形出現形」に「ない」、後方共起 2 (キーから 2 語) の「書字形出現形」に「です」を指定し、「検索結果をダウンロード」を押して、CSV ファイルをダウンロードする。

④ ダウンロードされた CSV ファイルを Excel で開き、"BCCWJ_V_naidesu.xlsx" として保存する (ファイルの種類を「Excel ブック (*.xlsx)」に変更すること)。

⑤ ピボットテーブルを作成する。「語彙素」を「行」に指定して、さらに「語

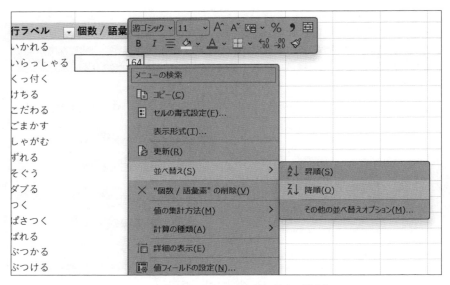

図 4.7 ピボットテーブルの並べ替え（降順）

彙素」を「値」のフィールドにドラッグアンドドロップする。次に「個数／語彙素」（B 列）の数値を右クリック→「並べ替え」→「降順」とする。

以上の手順でデータを作成し、総数を比較すると、「ません」が 10 万 501 例、「ないです」が 3044 例となった。

また、ピボットテーブルで作成した頻度表のうち、上位 15 位までを表 4.3、表 4.4 に示す。これで、「ません」「ないです」に前接する動詞の頻度付きリストが得られた。

■ 考　察

上記の手順で検索・集計した結果を見ながら、「ません」と「ないです」の分布を読み解いてみよう。まず総出現数に着目すると、「ません」の合計が 10 万 501 例、「ないです」の合計が 3044 例で、「ません」が圧倒的に多いという結果であった。事前の仮説のうち、「(C)「ません」と「ないです」の出現数は、どちらがどれくらい多いか」に対して、「ません」の方が多い、と正しく予測できていたとしても、「33 倍」という圧倒的な差までを予測することはできただろう

表4.3 「ません」に前接する動詞	
有る	26,640
知れる	9,635
居る	8,623
分かる	6,952
出来る	6,751
成る	4,973
為る	3,611
行く	2,869
済む	2,787
御座る	2,577
思う	1,691
言う	1,557
知る	1,273
呉れる	913
来る	880

表4.4 「ないです」に前接する動詞	
知れる	424
分かる	318
出来る	273
居る	194
行く	187
成る	186
為る	132
言う	110
思う	58
得る	56
変わる	46
要る	43
詰まる	42
来る	41
知る	29

か。このような大きな偏りがあることを、内省だけで判断することは難しいだろう。

　次に、表4.3、表4.4を見ながら、「ません」「ないです」に前接する動詞の種類について考えてみよう。両者のうちで圧倒的に多いのは、「ません」の1位「有る」である（ここでは「語彙素」で集計してあるので「有る」と表記されるが、実際の用例としては「ありません」というひらがな表記が大半である）。「有る」の場合、「*あらないです」という形式は非文法的であるため、「ません」「ないです」の対立は存在せず、「ません」に一方的に偏ることになる（10位の「御座る」も同様）。これらの「ありません」の中には、「有る」が存在動詞として使われる場合（15）だけでなく、コピュラの一部（で＋有る）として使われる場合（16）、さらに形容詞の否定形が丁寧体として使われる場合（17）も含まれており、文末を構成する表現として多く出現する文法形式と考えられる。

(15) 　経産には自浄能力は全くありませんでした。　　　　　　（雑誌）

(16) 　どちらか一方が悪いというものではありません。　　　　　（新聞）

(17) 　ずっと家の中ってすごく辛くありませんか？　　　　　　（知恵袋）

この「有る」を除くと、「知れる」「居る」「分かる」「出来る」「成る」「為る」「行く」の7語が、「ません」「ないです」双方の上位7位までを占めていることが分かる。これらが「ません」「ないです」に共通して前接しやすい動詞であり、出現数にはそれぞれ開きがあるものの、「ません」「ないです」に前接しやすい動詞という点では共通していると言える。一方、「ません」の9位にある「済む」の大半は謝罪やお礼を表す「すみません」として使われる場合だが、「済まないです」は「ないです」の68位（4例）にとどまっており、「ません」側に大きく偏っていると言える。逆に、「ないです」の13位にある「詰まる」の大半は「つまらないです」として使われる場合だが、「詰まりません」は「ません」の490位（3例）で、こちらは「ないです」の側に大きく偏っていることになる。

以上から、事前の仮説のうち「（D）「ません」と「ないです」に前接する動詞の種類には、違いがあるか」に対しては、出現数では「ません」の側に大きく偏るものの、前接しやすい動詞の種類という点では、片方にしか出現しない一部を除いて大きな違いはない、という結論が得られることになる。

最後に、事前の仮説のうち、「（E）レジスターの違いによって、「ません」と「ないです」の分布は異なるか」について考えてみよう。それぞれのExcelファイルで、新たにピボットテーブルを作成する。「レジスター」を「行」に指定して、各レジスターでの出現数を集計し、ピボットグラフを作成すると、図4.8、図4.9のような結果が得られる。

2つのグラフの双方で、Yahoo!知恵袋、Yahoo!ブログでの出現数が多いことが見て取れる。特にYahoo!知恵袋は、どちらのグラフでも2位の出現数を倍以上も上回っていることから、「ません」「ないです」が極めて頻繁に現れるテキストだと特徴付けることができる。

ただし、ここで注意が必要なのは、各レジスターに含まれる総語数の違いである。例えば、出版・書籍は約2855万語、Yahoo!知恵袋は約1026万語、国会会議録は約510万語と、各レジスターに含まれる総語数には相当のばらつきがある。総語数が多ければ、それに比例して「ません」「ないです」の出現数も多くなっていることが予測される。

この差を解消するために、「100万語当たりの出現数」を計算してみることにしよう。各レジスターで検索した「ません」「ないです」それぞれの出現数（粗

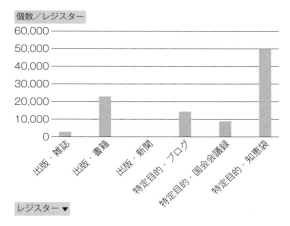

図 4.8 「ません」のレジスター分布

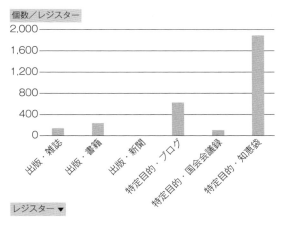

図 4.9 「ないです」のレジスター分布

頻度）を、そのレジスターの総語数で割り、100万をかけると、100万語当たりの出現数、すなわち「調整頻度」を計算することができる（なお、ここでは中納言で各レジスターを検索して得られる「記号・補助記号・空白を除いた検索対象語数」を総語数として用いる。より詳細な総語数を知るためには、各コーパスに付随しているマニュアルや語数表を参照するとよい）。

　各レジスターの総語数と、「ません」「ないです」の出現数（粗頻度）、そこから計算した100万語当たりの調整頻度を、表 4.5 に示す。

表 4.5　各レジスターの総語数と粗頻度・調整頻度（100万語当たり）

レジスター	総語数	「ません」粗頻度	「ません」調整頻度	「ないです」粗頻度	「ないです」調整頻度
書籍	28,552,283	23,099	809.0	244	8.5
雑誌	4,444,492	2,923	657.7	146	32.8
新聞	1,370,233	306	223.3	9	6.6
知恵袋	10,256,877	50,239	4,898.1	1,898	185.0
ブログ	10,194,143	14,786	1,450.4	637	62.5
国会会議録	5,102,469	9,148	1,792.9	110	21.6

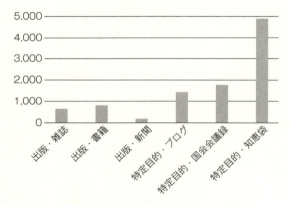

図 4.10　「ません」のレジスター分布 2

　さらに、調整頻度でグラフを作り直すと、図 4.10、図 4.11 のようになる。
　これで、調整頻度に基づくグラフを作成することができた。このグラフであれば、棒の高さ（調整頻度）を各レジスター間で直接比較することができる。

解説 2　文末に現れる「ません」と「ないです」

　動詞の否定形「ません」と「ないです」のゆれに関しては、これまでにもさまざまな研究で論じられてきた（田野村、1994；野田、2004；小林、2005；坂野、2012；川口、2014 など）。単にゆれが生じていることの指摘だけでなく、新聞記事、シナリオ、自然談話、インタビューなどの言語資料を用いて、両形式の分布を定量的に明らかにしようとした研究が目立つ。川口（2014）は、それ

第 4 章　文法形式のバリエーション

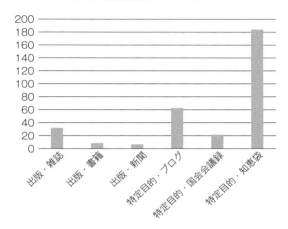

図 4.11　「ないです」のレジスター分布 2

までの先行研究に「文末の言い切りに使われる場合はマセン形が多く、ナイデス形には終助詞が接続しやすい」という指摘が共通していることを述べている。

　以下では、「ません」はその直後が言い切りになりやすく、「ないです」には終助詞が後接しやすい、という傾向が BCCWJ でも成立するか、確かめてみよう。まず、「ません」で言い切られる例を見つけるには、「ません」の直後が「文末」になっている場合を検索すればよい。ただし、これには多少の工夫が要る。ここでは、「ませ」「ん」の直後に

　　　。．、，！？」「）（・…　□

のいずれかが現れた場合を「文末」と見なすことにする（□は全角の空白記号を表す）。中納言で、キーの前に「動詞 連用形」「ませ」「ん」の 3 語を指定し、キーの「書字形出現形」に

　　　[。．、，！？」「）（・… 　□]

と入力する（図 4.12 を参照。ただしウィンドウ幅の都合で一部省略してある）。両端の半角ブラケット [ ] は、この中に存在するいずれか 1 文字に該当させるための正規表現である。これにより、5 万 7036 例が見つかる。ただし、この条件では「ません」の直後に記号がない文末のケースが拾えないため、別の検索として、「ん」をキーとして、「文末から 1 語」と指定して検索をする（図 4.13）。これにより、1497 例が見つかる。これらを合計すると、「ません」で言い切られ

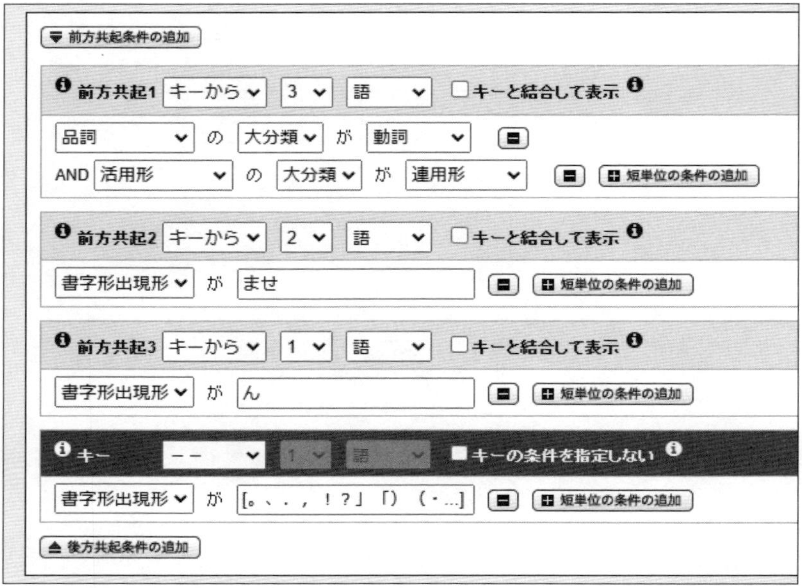

図 4.12　「ません」で言い切られる例の検索 1

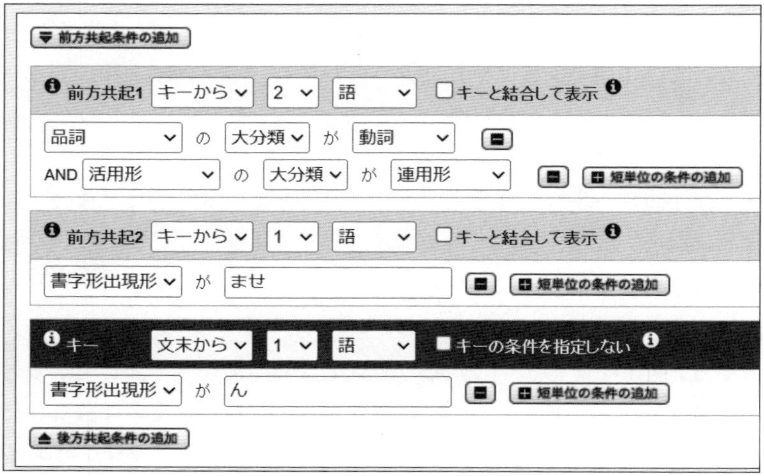

図 4.13　「ません」で言い切られる例の検索 2

る例は、5万8533例ということになる。

　同様の手順により、「ないです」で言い切られる例を検索すると、合計で771例となる。

　次に、「ませ」「ん」の直後に「助詞-終助詞」が来る場合を検索すると、1万3420例が見つかる。同様に「ない」「です」の直後に「助詞-終助詞」が来る場合を検索すると、1602例となる。

　以上の検索結果をまとめ、総数に占める文末・終助詞の割合を求めると、表4.6のようになる。

　「ません」が文末として言い切られる場合は全体の58.2％を占めており、「ないです」の25.3％とは倍以上の開きがある。一方、終助詞が後接する場合は「ません」で13.4％、「ないです」で52.6％となっており、こちらは「ないです」の側に大きく偏っている。この結果から、先行研究で指摘された傾向がBCCWJでも同様に成立することが確かめられたと言える。

　このように、ある言語形式が出現する環境を分類・観察することは、その言語形式の文法的特徴を把握・記述するために有用である。このような出現環境は、先の**考察**で示したようなレジスターによる差（メディアの違い、文体の違い、スタイルの違いなど）とどのように関わるだろうか。また、「ません」「ないです」に後接する終助詞の種類は、レジスターによってどのように異なるだろうか。合わせて考えてみるとよいだろう。

　なお、「ません」と「ないです」という動詞の否定形のバリエーションについては、川口（2014）がさらに詳細な観察・分析を行い、言語変化の方向性と関連付けて論じている。合わせて参照されたい。

表 4.6　「ません」「ないです」に後接する文末・終助詞の分布（BCCWJ）

	総数	文末	終助詞
ません	100,501	58,533（58.2％）	13,420（13.4％）
ないです	3,044	771（25.3％）	1,602（52.6％）

演習 2　話し言葉コーパスで再分析してみよう。

　ここまで、「ません」と「ないです」の分布について、書き言葉コーパスである BCCWJ を用いて調査・分析をしてきた。それでは、実際の話し言葉の中では、2 つの形式はどのように分布しているのだろうか。CSJ、『日本語日常会話コーパス』（CEJC）を使って、同様の手順で分析してみよう。

　書き言葉と話し言葉では分布が異なるか、独話と会話では分布が異なるか、発話の改まり度とどのように関連するか、事前に予測を立てた上で、検証してみよう。

参考文献

川口良（2014）『丁寧体否定形のバリエーションに関する研究』、くろしお出版

小林ミナ（2005）「日常会話にあらわれた「〜ません」と「〜ないです」」、『日本語教育』**125**、9-17

田中章夫（1999）『日本語の位相と位相差』、明治書院

田野村忠温（1994）「丁寧体の述語否定形の選択に関する計量的調査―「〜ません」と「〜ないです」―」、『大阪外国語大学論集』**11**、123-109

野田春美（2004）「否定ていねい形「ません」と「ないです」の使用に関わる要因―用例調査と若年層アンケート調査に基づいて―」、『計量国語学』**24**(5)、228-244

坂野永理（2012）「コーパスを使った述語否定形「ません」と「ないです」の使用実態調査」、『留学生教育』(17)、133-140

第5章
話し言葉の非流暢性

渡辺美知子

導入 「非流暢性」とは何だろうか。

以下のテキストは、4名の話者が与えられたトピックについて行ったスピーチの一部を、できるだけ音声に忠実に書き起こしたものである。通常の書き起こしでは削除される部分も残してある。そのような箇所に印を付けてみよう。

話者A（S02M0103）
　えんと 一月の 半ばぐらいですね えーとー で えー そのー ちょうど えーとー 僕の 誕生日の日なんですけど えーとー その 日ー の前日 誕生日の日に えーと 物凄い えーと そのー 単位を落としたら 卒業できないというような まー まだ その 頃 二年だったので 問題は ないんですけども えーと さうん 単位 落としたら もう 卒業できないという えーっと 単位が 一個 ありまして

話者B（S05F1600）
　で まず そのー 中国に どうして 中国に 行くことに なったか っていう お話を ちょっとしたいんですが えーとー その 当時ですねー あの 中国からの 留学生が 来てまして でその 子の あの チューターを やってくれ っていう ことで 頼まれたんですね

話者C（S05M1505）
　まー なぜ 人は 働くのかと 言われたら まー 私はー まー め あーのー どんな 人でも 一日の 糧を お金に するっちゅう んがん のが 目的だと 思います

まー あんまり 単純で そういう 風な あれは ないんでしょうけど えー あまりに こう 直接な 的で 現実なのかもしれぶねんませんが ま 生きていく 為には やっぱし どんなことを しても ま あん あの 働くっちゅう ことが 第一じゃないしかと 思うし

話者 D（S03F0214）

そんで とし あの 図書館なども あのー え 第三月曜と それから 月末だけ 月二回だけ 休館なんです で 他の 区に 住んでた 時には 毎週 月曜日が 休館だったんですけれども あのー んい 板橋区は やっぱし あのー 高島平っていうのは あのー えーあい 所帯数が 多いし その 声も 大きいんではないかと 思って それで そういう 風に後に 変更されたんじゃないかって あたくしは 想像してるんですけれども

　話者 A のスピーチには、「え」「んと」「えーとー」「えー」「そのー」などの余剰な音声が観察される。このような音声は「間を埋めるもの」の意味で、「フィラー（filler）」、あるいは、英語の文献では "filled pause" とも呼ばれている（Watanabe and Rose, 2012）。余剰な音声はフィラーだけではない。話者 D の冒頭を見てみよう。「そんで とし あの 図書館なども」の「とし」は、「図書館」と言いかけて、一旦中断したものと考えられる。このような「語断片（fragment）」、あるいは語句の一部の「繰り返し（repetition）」も、話し言葉ではよく観察される。話者 D の 3 行目の「い 板橋区」の「い」は語断片と語句の一部の繰り返しの一例である。また、話者 A の「その 日ーの」や話者 B の「当時ですねー」、話者 C の「私はー」のような、語末の音節の引き延ばしもよく聞かれる。フィラーをはじめとして、このような余剰な音声や言い誤りは「非流暢性（disfluency）」と総称されている（伝・渡辺、2009）。「言い淀み（hesitation）」と呼ばれることもある（渡辺・外山、2017）。

　非流暢性は、その場で考えながら話す「自発発話（spontaneous speech）」には頻出するが、朗読音声には稀である。これはいったいなぜだろうか。朗読が、書かれている文を理解して、適切な間や抑揚のある音声を生成する作業であるのに対し、自発発話（通常の会話やスピーチなど）は、頭に浮かんだ考えやメッセージをその場で即興的に言葉にして発信し続ける作業である。文を書くときには、自分のペースで何をどう書くかを考えることができる。間違えたとき

第5章　話し言葉の非流暢性 *89*

にはその部分を削除して、訂正すればよい。しかし、人と話すときには、不自然にならないテンポで、相手の様子にも注意を払いながら、メッセージを言葉にしなくてはならない。非流暢性は、そのようなマルチタスクを行っている際の、編集作業の痕跡と考えることができる。このため、心理言語学の分野では、脳の中で行われていて外からは観察できない発話生成プロセスを知る手掛かりとして研究されている（Levelt, 1989）。

　英語のフィラー研究では、主に"um"と"uh"が対象とされている（Clark and Fox Tree, 2002；Shriberg, 1994）。一方、日本語では、上記の例を観察しただけでも、「え（ー）」「えー（っ）と（ー）」「んと」「ま（ー）」「あ（ー）の（ー）」「その（ー）」など、フィラーの種類は多岐にわたる。なぜ、日本語のフィラーは、このように種類が多いのだろうか。これらの使われ方に、何らかの規則または傾向があるのだろうか。このような問題を考える第一歩として、まず、話者の属性（性別や年齢など）によって、頻繁に用いられるフィラーの種類に違いがあるかどうかを調べてみよう。冒頭に挙げた4つの発話は、20〜30代と50〜60代の男女各1名によるものである。用いている語や言葉の使い方だけでなく、フィラーなどの非流暢性からも、話者の性別や年齢が推測できるか、考えてみよう。次に、より多くの話者のスピーチの特徴を調べることができるコーパスを用いて、話者属性と多用されるフィラーとの間に何らかの関係があるかどうかを調べてみよう。

例題 1　話者属性と、使用頻度の高いフィラーとの関係を調べてみよう。

　『日本語話し言葉コーパス』（CSJ）では、「言い淀み時などに出現する場繋ぎ的な表現」を「フィラー表現」と定義している。そして、そのような音声の書き起こしに、フィラータグ"(F)"が付与され、「感動詞-フィラー」と品詞分類されている（国立国語研究所、2006：54-55）。この情報を用いて、話者属性の違いによって、よく用いられるフィラーに違いがあるかどうかを調べてみよう。CSJには複数のタイプの音声が収録されているが、この分析では、打ち解けた雰囲気の中で、身近なトピックについて話をした「模擬講演」という、一

人当たり10分程度のスピーチを用いる。

■ **データ作成の手順1：中納言によるフィラーの検索**
① 「中納言」にログインし、「コーパス名」でCSJを選択する。
② 「短単位検索」の「検索フォームで検索」パネルで、「キー」を「品詞」の「中分類」が「感動詞-フィラー」として選択する（図5.1）。
③ その下の「検索対象」欄で「検索対象を選択」をクリックし、そこで現れるパネルで「コア」列の「独話・模擬」にチェックを入れて、下の"OK"ボタンを押す。
④ その下の「列の表示」パネルで、コーパス情報は「講演ID」「開始位置」「連番」をチェック、形態論情報は「前文脈」「キー」「後文脈」「語彙素読み」「語彙素」「品詞」「発音形出現形」をチェック、話者情報は全ての項目をチェックする。
⑤ 「検索」ボタンを押して少し待つと、フィラーが検索される。

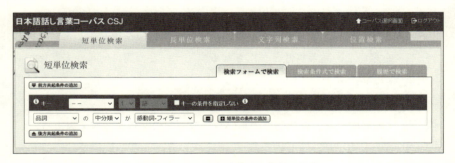

図 **5.1** フィラーを検索する条件の指定

■ **検索結果の分析**

少しスクロールダウンすると、検索結果が表示される。その冒頭に「14,483件の検索結果が見つかりました」と出る（図5.2）。このことから、CSJコアの模擬講演には1万4483のフィラーが出現していることが分かる。表中、講演ID冒頭のSは模擬講演であること、次の2桁の数字はトピックの分類、次のアルファベットのFは女性話者、Mは男性話者を、それぞれ示している。また、検

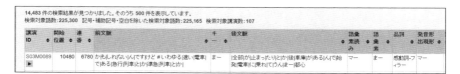

図 5.2　検索結果の件数が表示された画面

索結果の「発音形出現形」列には、どのような発音と聞き取られたか、「語彙素」には、その発音形がどのフィラータイプに分類されているかが示されている。例えば、「アーノー」「アノ」「アノー」は同じ語彙素「あの」のバリエーションとして分類されている。「語彙素読み」には語彙素の読み方がカタカナ表記されている。この検索結果をダウンロードして Excel のピボットテーブルを使うことによって、どのようなフィラーの使用頻度が高いか、話者特性によって高頻度のフィラータイプに違いがあるかどうかを調べてみよう。

■ データ作成の手順 2：Excel による、各フィラータイプ小計の算出

① 中納言の検索結果を、「検索」ボタン横の「検索結果をダウンロード」ボタンを押してダウンロードする。

② ダウンロードされた CSV ファイルを Excel 形式で保存し、以下の手順でデータを集計する。

③ テーブル上の「挿入」タブから「ピボットテーブル」をクリックする。「ピボットテーブルの作成」ダイアログボックスが表示されたら、まず、「表または範囲の選択」で、対象とする表全体が選択されていることを確認する。次に「ピボットテーブルを配置する場所を選択」する項目で「新規ワークシート」を選択し、"OK" をクリックする。

④ 新しい Excel シートの左側に空のピボットテーブル、右側に集計したい項目を選択する画面が現れる。まず、右側の「ピボットテーブルのフィールド」で、「語彙素読み」にチェックを入れる。次に、「列」下のボックスに上のフィールドから「性別」をドラッグアンドドロップする。さらに、「Σ 値」下のボックスに、上から「語彙素読み」をドラッグアンドドロップする。すると、フィラーの語彙素読み別の頻度が、男女別に集計・表示される。この表を「総計」の降順（多い順）でソートすると総頻度の高い順に

表 5.1 種類別フィラーの頻度（男女別）

個数／語彙素読み 行ラベル	列ラベル 女	男	総計
エー	1,040	2,634	3,674
アノ	2,219	1,447	3,666
マー	976	2,672	3,648
エート	350	712	1,062
ンー	273	413	686
ソノ	246	405	651
アー	206	378	584
オー	26	157	183
ウー	41	106	147
ト	28	48	76
イー	19	42	61
ウント	19	25	44
アート	1	0	1
総計	5,444	9,039	14,483

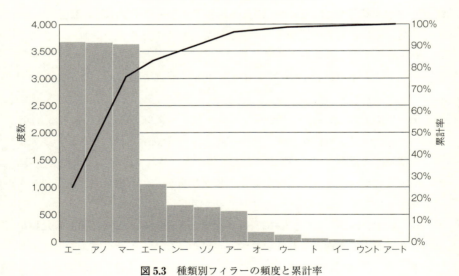

図 5.3 種類別フィラーの頻度と累計率

フィラータイプが表示される（表 5.1）。同様に、性別に降順でソートすると、男女別に頻度の高いフィラータイプが示される。

⑤ 集計結果をグラフにして、各種フィラーの出現頻度を比べてみよう。図 5.3

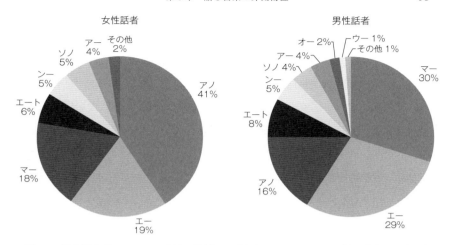

図 5.4　男女別各種フィラーの割合（頻度 100 以下のフィラーはその他にまとめてある）

に各種フィラーの頻度と累計率を示す。このグラフは、Excel でグラフを挿入する際、「ヒストグラム」から「パレート図」を選択することによって得られる。図 5.4 に各種フィラーの割合を男女別に示す。

解説 1　話者の性別による高頻度フィラーの異なり

　図 5.3 から、模擬講演では、「エー」「アノ」「マー」の頻度が格段に高く、この 3 種類で全体の約 75% を占めることが分かる。次に頻度の高いグループが、「エート」「ンー」「ソノ」「アー」である。上位 7 種類のフィラーで全体の 95% 以上をカバーしている。日本語のフィラーの代名詞のように言われる「エート」の頻度は、少なくとも模擬講演の中では意外と低いことが分かる。

　次に、図 5.4 で各種フィラーの割合を男女別に見てみると、女性話者では「アノ」が最多で全体の 41% を占め、「エー」「マー」はそれぞれ 20% 弱と「アノ」の約半分の割合である。これとは対照的に、男性話者では「マー」「エー」の割合がそれぞれ約 30% と高く、「アノ」は 16% と、「マー」「エー」の約半分の割合となっている。これらの結果から、選好されるフィラーの種類には性別が関係していると考えられる。このことから、フィラーの種類を考慮した研究を実施する場合、そのデータの選別の際には、話者の性別を考慮する必要のあることが分かる。

また、男性話者が「アノ」を多用すると女性っぽく聞こえたり、反対に、女性話者が「エー」「マー」を多用すると男性っぽく聞こえたりする可能性も考えられる。終助詞の使用における性差は縮小していると言われているが（上野ほか、2005）、上記の分析からは、無意識に用いているフィラーの選好に性差のあることが示唆される。このように、調査者の内観からは知りえない言語使用の実態を、コーパスを用いた検索は明らかにしてくれる。

演習 1 学会講演を検索してみよう。

上記の**例題 1** では、身近なトピックに関して話をする「模擬講演」を検索対象としていた。カジュアルな雰囲気で話をする模擬講演の中では、「改まり度」の低いスピーチスタイルがよく観察される。

そこで次に、改まり度の高い「学会講演」に検索対象を変えて、各種フィラーの頻度を調べてみよう。検索対象の変更は「中納言」の「検索対象を選択」画面で、コア列の「独話・模擬」の代わりに「独話・学会」にチェックを入れることによってできる。また、**例題 1** 同様、男女別にも調べてみよう。そして、その結果を模擬講演の結果と比較してみよう。

フィラーの選好が、話者の性別だけでなく、発話場面の違いや改まり度の違いによっても影響されていることが観察されるだろう。

例題 2 フィラーが出現しやすい位置を調べてみよう。

本章冒頭のスピーチの書き起こしをもう一度見て、フィラーがどのような位置でよく用いられているか、観察してみよう。

まず、発話頭や文頭でしばしば用いられていることが分かる。「で」などの接続詞の後や「ちょうど」「まず」などの副詞の後にもよく現れている。また、「けど」「けども」「が」「たら」などの接続助詞の後でもよく用いられている。この

第5章　話し言葉の非流暢性　　95

ような観察から、フィラーの出現しやすい位置にはどのような特徴があると考えられるだろうか。

　英語のフィラーは文頭や節頭近辺で現れやすいことが指摘されている。文や節のような比較的大きな文法単位の直前では、次に何をどのような順序や表現で話すかを考えるための時間が必要になることが多い。そのために不自然な間が生じてしまうことを避けるためにフィラーが頻繁に用いられると考えられている（Levelt, 1989；Shriberg, 1994）。Levelt は、発話生成プロセスに以下のような3つのレベルを想定している。

　1）　発話内容の形成（conceptualizing）

　2）　言語化（formulating）

　3）　調音（articulating）　　　　　　　　　　　　　（日本語訳は渡辺）

　すなわち、1) コミュニケーションの目的に応じて、話す内容やその順序などを考え、2) それを少しずつ言語化し、3) 発音する、というプロセスである。このモデルでは、発話内容の形成を通して「前言語的メッセージ（pre-verbal message）」が生み出され、それが徐々に言語化されていくと考えられている。また、母語においては、言語化と調音はほぼ自動的に行われるが、発話内容の形成には意識的な注意が必要なため、発話が中断することが多いと考えられている。文や節の冒頭では、無地のキャンバスに絵を描き始めるときのように、話の内容・順序や表現の選択肢が多いため、発話の具体的な形式を瞬時に決定することは困難である。しかし、発話が進むにつれて、そのユニットの中で伝えるべき内容は減少し、表現の選択肢も限られていくため、発話の継続が容易になり、フィラーの必要性が減じると考えられる。もし、この推測が正しいとすると、「フィラーの出現率は文頭や節頭近辺で高く、文末や節末に近付くにつれて低くなる」ことが予測される。この仮説を、CSJ を用いて検証してみよう。

　CSJ では、文法的・意味的なまとまりの単位として「節単位」という単位を設定している（国立国語研究所、2006：255-270）。本例題でも、この単位を用いて分析を行う。「節単位」は書き言葉における「文」に相当する単位で、原則として、「です」「ます」などの文末形式や、「が」「けれども」など統語的に深い切れ目を示す接続助詞の直後で区切られた単位である。文末だけでなく接続助詞の直後も境界と認定しているのは、最初に挙げた例にも見られるように、話し言葉では、文末形式ではなく接続助詞によって、連綿と話を続けていくこ

とが少なくないからである[1]。

　まず、全体像を知るために、CSJ コアの模擬講演に節単位がいくつあるか調べてみよう。節単位数は、節頭の語数を数えることによって知ることができる。以下のような手順で節頭の語数を数えよう。

■ 節単位の数の数え方

① 「中納言」にログインし、「コーパス名」で CSJ を選択する。
② 「短単位検索」の「検索フォームで検索」パネルで、「キー」を「節単位頭から1語」とし、「書字形出現形」を「％」（半角）とする（図 5.5）。「％」は「任意の一単語」の意味である。
③ 「検索対象」の「検索対象を選択」で、「コア」列の「独話・模擬」にチェックを入れる。
④ 「検索」ボタンを押して、節単位の冒頭に現れる語を検索する。

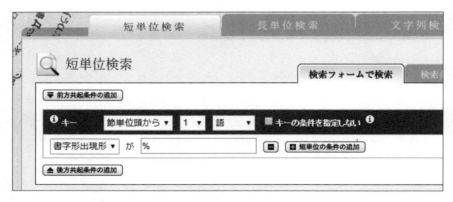

図 5.5　節単位頭の語数（節単位数）を検索する条件の指定

---

1) ただし、接続助詞の中でも、「と」「ば」「たら」などの条件を表す助詞や「ので」「から」などの理由を表す助詞の後は節単位境界としては認定されていない。これは、条件節や理由節は後続節との意味的なつながりが強く、切り離すのは不適切と判断されているためである。この意味で、「節境界＝節単位境界」ではないことに注意する必要がある。接続助詞「て」の直後は原則として節単位境界とは認定されていないが、その前に助動詞の「です」「ます」の連用形が入り、「〜でして」「〜まして」となっている場合と、「て」の直後に接続詞がある場合は、そこに発話の深い切れ目があるとして、節単位境界と認定されている（国立国語研究所、2006：286）。

すると、検索結果の上に、「9,529件の検索結果が見つかりました」と出る。この値が節単位頭の語数、すなわち、節単位の総数である。検索結果を見て、キーとして節単位頭の語が抽出できているか、確認しよう。キーの直前（前文脈の末尾）に節単位境界の記号「#」が現れていれば、そこで検索されたキーは節単位の冒頭の語ということになる。

■ 節単位頭のフィラーの数え方

次に、節単位頭の語がフィラーになっているケースを数えて、その出現率を算出してみよう。以下のような手順で節単位頭のフィラーを数えることができる。

① **節単位の数の数え方**と同じ画面で、「キー」は「節単位頭から1語」とする。
② その下の行に、「品詞」の「中分類」が「感動詞-フィラー」として選択する（図5.6）。
③ 以下は、**節単位の数の数え方**と同様にして「検索」ボタンを押す。

すると、検索結果の上に、「2,972件の検索結果が見つかりました」と出る。この値が節単位頭のフィラーの数である。検索結果で、キーとして節単位頭のフィラーが抽出できているか、確認しよう。このフィラー数を節単位数で割ると、フィラーの出現率は31％となる。すなわち、節単位の約3割がフィラーで始まっていることになる。

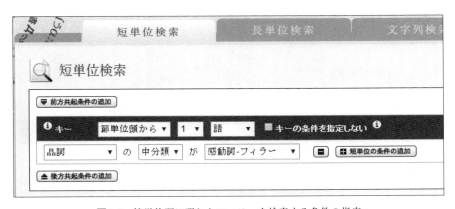

図5.6　節単位頭に現れたフィラーを検索する条件の指定

98　　　　　　　　第 5 章　話し言葉の非流暢性

　仮説が正しければ、この比率は節単位頭から 2 語目、3 語目と離れるに従って低下するはずである。そのようになっているかどうか、節単位頭のケース同様、調べてみよう。比率を算出するには、まず、母数を知る必要がある。そこで、まず、2 語以上の語からなる節単位の総数を**節単位の数の数え方**と同様のやり方で、ただし、「キー」を「節単位頭から 2 語」にして調べよう（図 5.7）。同様にして、順次、「節単位頭から 10 語」までを検索し、検索結果を表にしよう。

　次に、各位置におけるフィラーの頻度を、**節単位頭のフィラーの数え方**と同様のやり方で、ただし、「キー」を「節単位頭から」、順次「2 語、3 語、4 語…10 語」にして調べ、表にしよう（図 5.8）。そして、Excel で、フィラーの比率

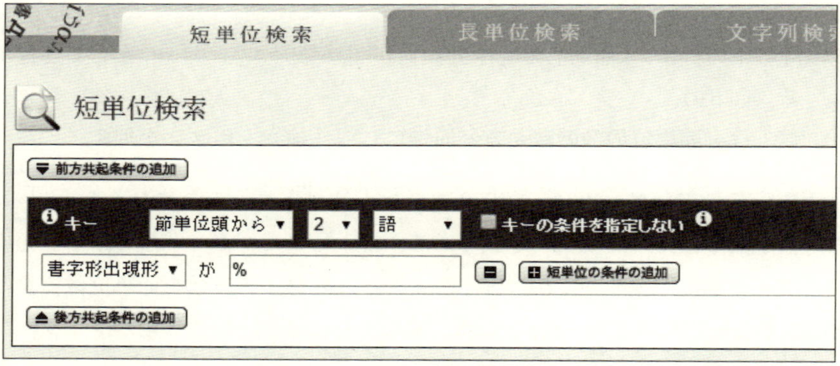

図 5.7　2 語以上の語からなる節単位の総数を検索する条件の指定

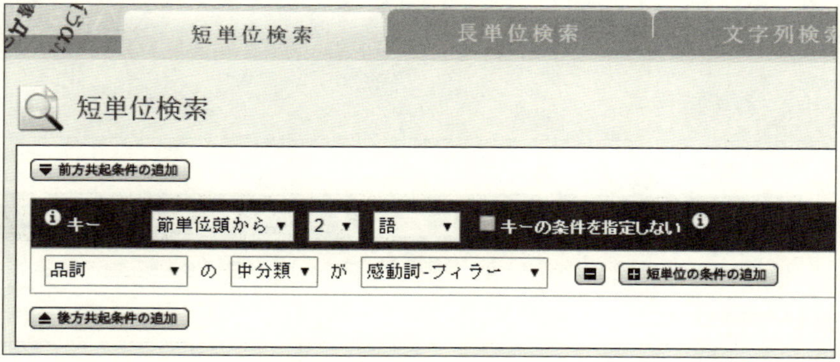

図 5.8　節単位の冒頭から 2 語目に現れたフィラーを検索する条件の指定

第5章 話し言葉の非流暢性 99

表5.2 節単位頭からの位置別総件数・フィラー数・フィラー率

節単位頭からの位置	総件数	フィラー数	フィラー率
1語目	9,529	2,972	31.2%
2語目	9,392	1,203	12.8%
3語目	9,317	775	8.3%
4語目	9,240	680	7.4%
5語目	9,096	620	6.8%
6語目	8,921	529	5.9%
7語目	8,728	470	5.4%
8語目	8,501	448	5.3%
9語目	8,217	381	4.6%
10語目	7,899	381	4.8%

を算出してみよう。

▌解説2　節単位頭で頻出するフィラー

　表5.2に、節単位頭から1〜10番目に語が存在する節単位数(1〜10語以上の語からなる節単位の総数)、当該語がフィラーのケース、その総件数に占める割合(フィラー率)を示す。図5.9は、節単位頭からの各位置の総件数をフィラーとそれ以外の語(非フィラー)に分けて示したものである。総件数は単調に減少しているが、フィラーは1語目から2語目にかけて大幅に減少し、その後は漸減している。

　この結果は、「フィラーの出現率は文頭や節頭近辺で高く、文末や節末に近付くにつれて低くなる」という仮説を支持している。節単位頭の高いフィラー率は、あるまとまった発話を開始する直前に、その発話内容を形成するための作業に関与していると思われる。このプロセスは認知的負荷が大きく、時間がかかるため、その間を埋めるためのものとして、フィラーの用いられるケースが多いと考えられる。ただし、フィラー率は発話の進行に伴って無限に低下するわけではなく、7語目以降は約5%でほぼ横ばいになっている。これはなぜだろうか。この傾向は節単位末まで続くのだろうか。

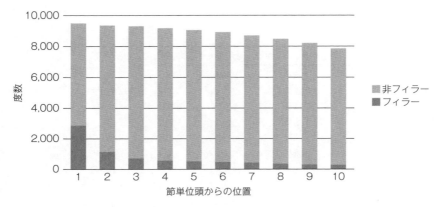

図 5.9 節単位頭からの位置別に見たフィラーと非フィラーの内訳

演習 2 　節単位末近くのフィラーの出現率を調べてみよう。

　例題 2 では、「フィラーの出現率は文頭や節頭近辺で高く、文末や節末に近付くにつれて低くなる」という仮説を、節単位頭からの位置に着目して検証した。そして、フィラーは節単位頭に現れることが多く、2 語目以降の出現率は漸減し、7 語目以降の出現率は横ばいになることが分かった。そこで、今度は、節単位末からの位置に着目して、フィラー率を調べてみよう。節単位末から数えたときの位置別に、10 語目程度までフィラー率を調べ、**例題 2** と同様の図表を作成してみよう。仮説が正しければ、節単位末から遠ざかるにつれて、フィラー率は上昇することが予測される。

ヒント

　1 語以上の語からなる節単位数は**例題 2** で検索した節単位数と同じで、9529 のはずである。「中納言」で、「キー」を「節単位末から 1 語」、「書字形出現形」を「%」（半角）として確認してみよう。次に、「書字形出現形」を「品詞」に変え、「中分類」「感動詞-フィラー」を選択して、節単位末から 1 語目のフィラーを検索しよう。「2 件の検索結果が見つかりました」という結果が得られる

はずである。節単位末にフィラーが現れるケースは 9529 件中 2 件しかなく、率にすると 0.02％である。節単位末でフィラーが用いられる率は極めて低いことが分かる。同様の方法で、節単位末から 2 語目以降についても調べてみよう。

発展

本章の**例題 1** では、模擬講演で頻度の高いフィラーと話者の性別との関係について調べた。CSJ には話者の生年と録音時の年齢についての情報があり、話者の年代と好まれるフィラータイプとの関係について調べることもできる。さらに、性別要因と年齢要因を合わせて分析することによって、フィラーの選択における 2 つの社会言語学的要因の影響をより詳しく調べることができる（小磯、2014；Watanabe and Shirahata, 2019）。

例題 2 では、節単位における語の位置と、その位置にフィラーが出現する率を調べることによって、「フィラーの出現率は文頭や節頭近辺で高く、文末や節末に近付くにつれて低くなる」という仮説を検証した。フィラー率は全体としては節単位頭で高く、2 語目、3 語目となるにつれて漸減したが、このような傾向はどのタイプのフィラーにおいても観察されるだろうか。フィラーの種類別に**例題 2** と同様の分析をすることによって、各種フィラーの分布の特徴を知ることができる。例えば、中納言で図 5.10 のように入力することによって、節単位頭の「アノ」の頻度を調べることができる。

例題 2 では、出現位置を分析する際の単位として「節単位」を用いたが、「節単位」は CSJ 独自の単位である。文、節、文節といった、より伝統的な統語論の分類に沿った単位による分析も可能であろう（南、1974；渡辺・柏木、2014）。

図 5.10　節単位頭の「アノ」の検索画面

参考文献

上野智子・定延利之・佐藤和之・野田春美（編）（2005）『ケーススタディ日本語のバラエティ』、おうふう

小磯花絵（2014）「『日本語話し言葉コーパス』に見るフィラーの特徴」、『日本語学』**33**(15)、88-93

国立国語研究所（2006）『日本語話し言葉コーパスの構築法』、国立国語研究所

伝康晴・渡辺美知子（2009）「音声コミュニケーションにおける非流暢性の機能」、『音声研究』**13**(1)、53-64

南不二男（1974）『現代日本語の構造』、大修館書店

渡辺美知子・柏木陽佑（2014）「後続句の複雑さが文節境界におけるフィラーの出現率に与える影響」、『音声研究』**18**(1)、45-56

渡辺美知子・外山翔平（2017）「『日本語話し言葉コーパス』と対照可能にデザインされた英語話し言葉コーパスにおけるフィラーの分布の特徴」、『国立国語研究所論集』**12**、181-203

Clark, H. H. and Fox Tree, J. E. (2002) Using uh and um in spontaneous speaking. *Cognition*, **84**, 73-111.

Levelt, W., J., M. (1989) *Speaking: From Intention to Articulation*, The MIT Press.

Shriberg, E. (1994) Preliminaries to a theory of speech disfluencie. Doctoral dissertation, UC Berkeley.
http://citeseerx.ist.psu.edu/viewdoc/download?doi=10.1.1.443.7755&rep=rep1&type=pdf（2016 年 7 月 14 日アクセス）

Smith, M. C. and Wheeldon, L. R. (1999) High level processing scope in spoken sentence production. *Cognition*, **73**, 205-246.

Watanabe, M. and Rose, R. (2012) Pausology and Hesitation Phenomena in Second Language Acquisition. In P. Robinson (ed.) *The Routledge Encyclopedia of Second Language Acquisition*, Routledge, 480-483.

Watanabe, M. and Shirahata, Y. (2019) "Comparison of factors related to probabilities of three filler types, "ee", "anoo" and "maa" in informal presentation speeches in Japanese", Proceedings of LPSS 2019 (The 3rd International Symposium on Linguistic Patterns in Spontaneous Speech), 26-29.

第 6 章
発音のバリエーション

小磯花絵

導入 「コミュニケーション」のバリエーションを調べてみよう。

　第4章では文法形式のバリエーションについて見てきたが、話し言葉には発音のバリエーションも多く見られる。

　例えば「コミュニケーション」という語を発音すると、「コミュニケーション」ではなく、「コミニュケーション」や「コミュニュケーション」「コミニケーション」のような発音になってしまうことも多い。しかしこうした発音のバリエーションは、文法形式や語彙とは異なり、場のスタイルや相手などに応じて意識的に使い分けることは少ないため、普段、自分たちが「コミュニケーション」をどのように発音しているかを聞かれても、簡単には答えられないだろう。『日本語話し言葉コーパス』（CSJ）は、実際の発音を仮名で表記できる範囲で記録しているため、こうした発音のバリエーションを調べるのに適している。

　まずはCSJ全体を対象に「中納言」を使って「コミュニケーション」の発音を検索してみよう。結果は表6.1のようになる。これを見ると、最も頻度が多いのは、拗音「ミュ」が直音化した「コミニケーション」であり、本来の「コミュニケーション」と発音しているのは全体の約20％に過ぎないことが分かる。

　こうした発音のバリエーションには、個人差や地域差だけでなく、さまざまな要因が関わってくる。本章では、CSJを用いて発音のバリエーションの分布を調べ、どのような要因が発音の選択に影響するかを考えてみよう。

第6章　発音のバリエーション

表 6.1 「コミュニケーション」の発音別の頻度（頻度 5 以上）

発音	頻度
コミニケーション	303
コミニュケーション	138
コミュニケーション	128
コミュニュケーション	36

例題 1 「けれど」のバリエーションを調べてみよう。

　ここでは、接続助詞「けれど」の発音のバリエーションを、朗読の場合と、考えながら話す場合とで比較する。

■ データ作成の手順

　CSJ は、一人の話者がその場で考えながら話をする（以下「自発性の高い」）スピーチ（独話）を主な収録対象としている。具体的には、研究者や大学院生などによる学会での発表（学会講演）と、一般の人による個人的体験談などのスピーチ（模擬講演）である。こうした自発性の高い独話の特徴を明らかにするために、CSJ には比較対象として、朗読データ（朗読・再朗読）や対話も若干含まれている。ここでは、「学会講演」「模擬講演」「朗読」「再朗読」を対象に調査する。前者 2 つを「自発音声」、後者 2 つを「朗読音声」としてまとめる。

① 「中納言」にログインし、CSJ を選択して、「検索対象」の「独話・学会」「独話・模擬」「独話・朗読」「独話・再朗読」（コア、非コア・人手修正、非コア・自動解析）を指定する（図 6.1）。
② 「短単位検索」から、キーの「語形」に「ケレド」を、「品詞」の「中分類」に「助詞-接続助詞」をそれぞれ指定して検索し（図 6.2）、「検索結果をダウンロード」ボタンを押す。

第 6 章 発音のバリエーション

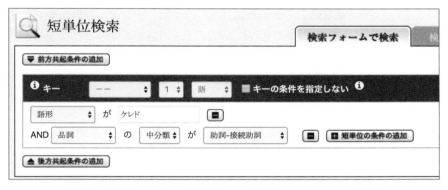

図 6.1 検索対象の選択画面

図 6.2 語形「ケレド」（接続助詞）を検索するためのフォーム画面

図 6.3 「中納言」の画面上で「発音」を表示する場合

なお、「中納言」の画面上で「発音」を表示するには、「列の表示」の「形態論情報」で「発音」（発音形出現形ではないので注意）にチェックを入れる必要がある（図 6.3）。ダウンロードしたデータには、表示されていない項目も全て含まれる。

③ ダウンロードした CSV ファイルを Excel で開き、D 列の「音声のタイプ」のカテゴリーを整理する。具体的には、D 列を選択し、「独話・学会」と「独話・模擬」という文字列を「自発音声」に、「独話・朗読」と「独話・再朗読」という文字列を「朗読音声」に置換する。

④ 「音声のタイプ」列と「発音」列でピボットテーブルを作成し、表 6.2 のようなクロス表を作成する。この表は、ピボットテーブルで「音声のタイプ」を列に、「発音」を行にとって作成したものである。ピボットテーブルの結果から該当箇所をコピーして別のシートに貼り付け、総計で降順にソートした上で、頻度 5 以上のものを抜粋している。

⑤ クロス表のうち、頻度が極めて高い「ケレド」と「ケード」以外を「その他」としてまとめた上で、グラフを作成する（図 6.4）。

　表 6.2 から分かるように、接続助詞「ケレド」は「ケレド」以外の形で発音されることも多いが、特に多く見られるのは「ケード」である。これは、[keredo] の [r] が脱落して（あるいは弱まって）[keedo][ke:do] となった（と聞こえた）ものである。他にも例えば「だから」[dakara] の [k] が脱落して [da:ra] と発音されたり、「怖い」[kowai] の [w] が脱落して [koai] のように発音されることもある。

表 6.2 語形「ケレド」の発音別の頻度
（総頻度 5 以上）

発音	自発音声	朗読音声	総計
ケレド	15,914	367	16,281
ケード	3,706	9	3,715
ケレドー	152	1	153
ケッド	18	0	18
ケレオ	15	0	15
ケードー	10	0	10
ケーロ	7	0	7
ケレ	7	0	7
ケデド	5	1	6
ケレト	6	0	6
ケレロ	5	0	5

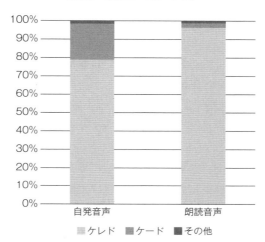

図 6.4　自発音声・朗読音声別に見た「ケレド」の発音「ケレド」「ケード」「その他」の割合

　文章を読み上げる朗読では、書かれた原稿を丁寧に発音するため、こうした音の脱落はあまり見られないのに対し、自発性の高い発話では、発音は相対的にぞんざいになり、「発音のなまけ」と見られる音の脱落現象がより多く見られることが予想される。
　図 6.4 を見ると、予想通りの結果となっていることが分かる。いずれの場合も「ケレド」が優勢で「ケード」は少ないことに変わりはないが、朗読音声の場合には 2.4％しか「ケード」が出現しないのに対し、自発音声の場合にはその約 8 倍に相当する 18.6％という確率で「ケード」が出現している。
　自発性の高い発話では、その場で何をどのように話すかということを考えながら話しており、「明瞭に発音する」ということに意識が十分まわらないことも多い。そのため、朗読に比べると音の脱落がより多く生じると考えられる。また速く発話するほどこうした発音のなまけが生じやすくなる（斉藤、1991）。朗読音声では丁寧にゆっくり発話するのに対し、特に学会講演のように時間に制限がある場合には、朗読音声と比べて相対的に速く発話することが予想される。こうした発話する速度の違いも、音の脱落の程度に差が現れた要因と考えられる。

解説 1 　母音の弱化と脱落

　ここまで、[r] という子音の脱落について見てきたが、私たちが普段発話をする場合、子音だけでなく、母音が弱化あるいは脱落したり、それに伴い促音化や撥音化が生じたり、また音節自体が脱落したりすることがある（土岐、1975、2010）。実際の発話を観察すると、以下のような脱落が見られる。

- 「だから」[dakara] の子音 [k] が脱落 →「ダーラ」[da:ra]
- 「ただし」[tadashi] の子音 [d] が脱落 →「ターシ」[ta:shi]
- 「かわいい」[kawai:] の子音 [w] が脱落 →「カーイー」[ka:i:]
- 「体育」[taiiku] の母音 [i] が脱落 →「タイク」[taiku]
- 「各課」[kakuka] の母音 [u] が脱落 →「カッカ」[kakka]　※促音化
- 「この時」[konotoki] の母音 [o] が脱落 →「コントキ」[koNtoki]　※撥音化
- 「けれど」[keredo] の音節 [re] が脱落 →「ケド」[kedo]

　こうした弱化や脱落は、前後の音の環境に影響を受けやすい。例えば、母音の無声化（弱化）は狭母音 [i][u] が無声子音に挟まれた場合に生じやすく、その弱化の程度が進んで脱落すると促音になる（各課 [kaku ka] → [kak ka]）。また「体育」[tai iku] のように同じ母音が連続する場合、通常は [i:] のように延びることが多いが、この語は細かく見ると「体」と「育」という単位に分かれており（意味を担う最小の単位で「形態素」と呼ばれる）、こうした単位の切れ目では母音の引き延ばしは生じにくい。しかし、同じ母音を連続して発話するのも難しいため、片方が落ちて [taiku] と発音されやすいと考えられる。「第一」[daiichi] が [daichi] と発音されやすいのも同じ理由である。

　発音のしやすさのために、母音や子音が脱落するだけでなく、追加で挿入されることもある。例えば「場合」[ba ai] のように同じ母音が連続する際、その間に [w] や [y] が挿入されて [bawai] や [bayai] と発話されることがある。

　さて、この**例題 1** では接続助詞「けれど」の発音の一バリエーションとして「ケード」を見てきた。自発性の高い発話では、「ケード」という発音が全体の約 20％を占めており、おそらく私たちも普段そのように発音することなどもあると思われるが、「ケード」と発音していることを意識している人は少ないだろう。一方、「ケレド」の [re] が脱落した「ケド」については、その使用を意識する人も多いのではないだろうか。

　音環境の影響で音が転じて変化したものの中には、使用とともにそれが語の

第 6 章　発音のバリエーション　　　　　　　　　　　　　　　　　　　　109

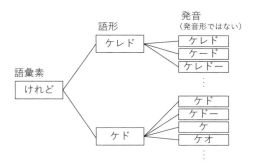

図 6.5　語彙素・語形・発音の関係
ここで言う「発音」は「発音形」(中納言では「発音形出現形」)ではない点に注意する必要がある。「発音形」は当該語形の代表的な発音が一つ指定されているのに対し(伝ほか、2007)、「発音」は実際の発音に相当する。

形(語形)として定着したものがある。「ケド」は「けれど」という語の一語形として定着したものである(図6.5)。このように語形として定着したものは、そのスピーチスタイルなどにより使い分けを意識的に行うことができる(斉藤、1991)。第4章で見たように、改まったスタイルでは「ケレド(モ)」という語形が、カジュアルなスタイルでは「レ」が脱落した「ケド(モ)」という口語的な語形が使われやすいという傾向が見られる。「やはり」の語形「ヤッパリ」「ヤッパシ」「ヤッパ」(小磯ほか、2020)や、「では」とその融合形「じゃ」(前川、2002)なども同様のことが言える。

一方、語形として定着していない「ケード」のようなものは、カジュアルな場だから「ケード」と、フォーマルな場だから「ケレド」と発音するといったような、スタイルに応じた意識的な使い分けはあまりないと言ってよいだろう。むしろ、話す速さの違いや発音の丁寧さなどに応じて自然と生じるバリエーションと考えられる。

この点を確かめるために、カジュアル・フォーマルといったスタイルの違いを含めた分析をしてみよう。検索対象に対話(対話・学会、対話・模擬、対話・課題、対話・自由)を追加し、学会講演と模擬講演を分けた上で、「ケレド」の発音「ケレド」「ケード」「その他」の割合を出してみると、図6.6の結果が得られる。

第4章で見た接続助詞「けれども」の語形のバリエーションでは、対話のよ

第 6 章 発音のバリエーション

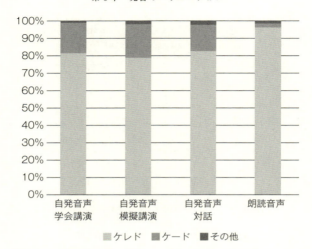

図 6.6 学会講演・模擬講演・対話・朗読別に見た「ケレド」の発音「ケレド」「ケード」の割合

うなカジュアルなスタイルでは「ケド」が多く、学会講演のようにフォーマルなスタイルでは「ケレドモ」が多いという傾向が見られたが、図 6.6 の発音のバリエーションでは、朗読音声以外はいずれも同じ傾向を示しており、カジュアル・フォーマルといったスタイルによる違いは見られないことが確認できる。

さて、「ケド」は書き言葉でも使われており、語形として完全に定着していると言えるが、語形とみなすか一時的な発音のバリエーションとみなすかを容易に決められないものもある。次のような事例はどうであろうか。

- 接続詞として用いられる代名詞「それ」＋格助詞「で」の発音の例
「ソレ（デ）」「ソン（デ）」「ソイ（デ）」「ホン（デ）」「ホイ（デ）」
「フン（デ）」「ン（デ）」「ソ（デ）」「ホ（デ）」

「ソン（デ）」「ソイ（デ）」など、カジュアルな場面で意識的に使うと確実に言えそうなものもあれば、「ホン（デ）」「フン（デ）」のように、使い分けている気はするが確実にそうとも言い切れないようなものもある。

話し言葉のコーパスは、発話された内容を文字に書き起こした上で、その文字列を単語に分割し、品詞情報を付けていくことになる。ここで問題となるのは、どのようなルールで音声を文字化していくかである。「ソイ（デ）」と聞こえた場合に、「そいで」と文字化するのか、それとも一時的に「ソイデ」と発音

第6章　発音のバリエーション　　　　111

されただけとみなして「それで」と書くかは、コーパス構築の方針による。前者の場合、語形は「ソイ」になるが、後者の場合、語形は「ソレ」で発音が「ソイ」となる。なお CSJ では「ソン（デ）」「ソイ（デ）」「ホン（デ）」「フン（デ）」はいずれも「ソレ」の一語形とみなして「そんで」「そいで」「ほんで」「ふんで」と文字化しているが（小磯ほか、2006）、その方針を知らないで語形「ソレ」だけを検索すると、「ソン」「ソイ」「ホン」「フン」という発音を見逃すことになる。

　この例題では、分かりやすさのため、語形「ケレド」を指定して発音のバリエーションを見たが、複数の語形も含めてその語全体の発音のバリエーションを調べる場合には、語彙素「けれど」を指定して検索する必要がある。

演習 1　「それ」のバリエーションを調べてみよう。

　CSJ の「学会講演」「模擬講演」「朗読」「再朗読」を対象に、代名詞「それ」の語形「ソレ」の発音のバリエーションを調べ、自発音声と朗読音声とで比較してみよう。調べる前に、「ソレ」以外にどのような発音が多く見られるかを考えてみよう。

例題 2　「の」の撥音化を調べてみよう。

　「ここ_の_ところ」が「ここ_ん_とこ」となるように、助詞の「の」が「ン」と撥音化することがある。そこで、「格助詞」の「の」を対象に、どのようなときに撥音化するか調べてみよう。特に「の」の次に来る語に着目して検討することにする。次に、「格助詞」と「準体助詞」の違いに着目し、助詞の「の」が「ン」と撥音化される割合を「格助詞」と「準体助詞」で比較する。なお、準体助詞とは、「その本は私_の_です」のように体言（この場合は「私_のもの_」）に準ずる働きをするものである。準体助詞が撥音化する環境については**解説2**で取り上

げる。

■ **データ作成の手順**

① 「中納言」にログインし、CSJ を選択して、「検索対象」にコアの「独話・模擬」を指定する（今回対象とする助詞「の」は数が非常に多いため、コアの「独話・模擬」のみを対象とする）。

② まず、格助詞が「ン」と撥音化される音環境について、特に「の」の次に来る語に着目して検討する。「の」の次に来る語をキーとして抽出するために、「キーの条件を指定しない」にチェックを入れる（図 6.7 ステップ 1）。また「前方共起条件の追加」をクリックし、「語彙素」に「の」、「品詞」の「中分類」に「助詞-格助詞」、「発音」に「ン」を指定して検索する（図 6.7 ステップ 2）。

③ ダウンロードした CSV ファイルを Excel で開き、F 列の「前文脈」の最後の語が「の」あるいは「ん」であることを確認する。次に、G 列の「キー」を対象にピボットテーブルを作成し、表 6.3 のような表を作成する。備考の欄は筆者が追加したものである。

④ 次に、助詞の「の」が「ン」と撥音化される割合を「格助詞」と「準体助詞」で比較するために、「格助詞」と「準体助詞」の「の」を検索する。「短単位検索」から、キーの「語彙素」に「の」を、「品詞」の「中分類」に「助詞-格助詞」をそれぞれ指定し、結果をダウンロードする。同様にキー

図 6.7 格助詞「の」の次に来る語をキーにして検索するフォーム画面

第6章　発音のバリエーション

表 6.3　撥音化された格助詞「の」の次に来る語とその頻度

後続の語	頻度	備考	後続の語	頻度	備考
中	18		ブルース	1	
とこ	7	「ところ」の一語形	ン	1	言い淀み
時	7		夏休み	1	
ところ	5		高	1	「高い」語幹
ち	2	「うち（家）」の一語形	手	1	
あれ	1		仲間	1	
おー	1	フィラー	名前	1	
でき	1	「できる」未然形	友達	1	

表 6.4　格助詞・準体助詞「の」の発音別
の頻度（総頻度 10 以上）

発音	助詞-格助詞	助詞-準体助詞	総計
ノ	6,197	2,387	8,584
ン	50	3,610	3,660
ノー	253	5	258

の「語彙素」に「の」を、「品詞」の「中分類」に「助詞-準体助詞」をそ
れぞれ指定し、ダウンロードする[1]。助詞「の」は語形として「ノ」と「ン」
があるため、語彙素で指定する。

⑤　ダウンロードした 2 つの CSV ファイルを Excel で開き、コピー＆ペースト
で 1 枚のシートにまとめる。

⑥　「品詞」列と「発音」列でピボットテーブルを作成し、表 6.4 のようなクロ
ス表を作成する。ここでは総計の頻度が 10 以上のものを抜粋している。

⑦　発音「ノー」を「ノ」に、「ンー」を「ン」にまとめ、「ノ」「ン」以外の発
音を「その他」にまとめた上で、グラフを作成する（図 6.8）。

まず格助詞「の」が撥音化される音環境について考えてみる。表 6.3 に示し
た、撥音化された格助詞「の」の次に来る語を見てみると、以下のように、[n]
や [t] から始まる語が多く見られることが分かる。

---

1)　助詞「の」には「終助詞」も含まれるため、「品詞」の「大分類」で「助詞」を指定し、結果から
「終助詞」を除くという方法もある。

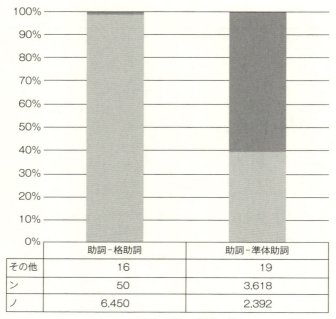

図 6.8　格助詞・準体助詞別に見た「の」の発音「ノ」「ン」「その他」の割合

「中」[naka]、「夏休み」[natsuyasumi]、「仲間」[nakama]、名前 [namae]「とこ」[toko]、「時」[toki]、「ところ」[tokoro]、「高」[taka]、「手」[te]、「友達」[tomodachi]

　これらの子音は「歯茎音」と呼ばれるものである。「ナ」や「タ」と発音してみると、いずれも舌先が歯茎部分に触れていることが分かる。「でき」[deki] の [d] も同じ歯茎音である。また「ち」[chi] の [ch] は、実際に発音してみると分かるが、歯茎よりも少し奥の位置に触れることから「後部歯茎音」と呼ばれている。

　このように、撥音化された格助詞「の」には、後部歯茎音を含む歯茎音から始まる語が後に続くことが多いことが分かる。助詞の「の」[no] 自体も歯茎音であることから、歯茎音が連続するときに撥音化が生じやすいと言える。つまり、発音する際、同じあるいは類似した位置に舌を連続して置くのは発音しづ

第 6 章　発音のバリエーション　　　　　　　　　　*115*

らいため、それを避けるために格助詞「の」が撥音化されたと考えられる（小磯ほか、2005）。その意味において、**例題 1** で見た子音 [r] の脱落と同様、発音のなまけの一種とみなすことができる。

　表 6.3 を見ると、例えば「（僕／人）んち」や「（ここ／友達／先生）んとこ」のように、撥音化した「ン」がかなり定着しており、カジュアルなスタイルのときに用いそうなものと、「（二三年生）ん夏休み」や「（彼ら）ん手」のように、スタイルの違いによる使い分けではなく、一時的な発音上のなまけと言えそうなものが混在している。特に前者の「（僕／人）んち」「（ここ／友達／先生）んとこ」は、後続する単語自体、「うち」が「ち」、「ところ」が「とこ」と略されており、さらに「ち」については「（僕）のち」とは言わず必ず撥音化した「ん」しか用いられない。このように、同じ格助詞「の」の中に、語形として定着した「ン」と発音のなまけとしての「ン」の両方が存在すると言える。

　格助詞と準体助詞の撥音化の傾向を比べてみると（図 6.8）、準体助詞の「の」は撥音化して発音される割合が 6 割であるのに対し、格助詞では 1％にも満たないことが分かる。準体助詞がどのような環境で撥音化しやすいのか、またなぜこれほど高い確率で発音するのかについては、次の**解説 2** で述べる。

▌解説 2　準体助詞の撥音化とその条件

　そもそも子音はどのように発音されるのだろうか。子音は、声を出すときに息の流れが口の中のどこかで妨げられることによって生じる音のことである。逆にこうした息の妨げがないものが母音である。

　子音の場合、息の流れがどこで妨げられるかで種類が分かれる。例えば上で見た [n] や [t] などの歯茎音は、歯茎と舌で息が妨げられて生じる音である。その他に、例えば [p] は上唇と下唇が合わさり息が妨げられて生じる音、[k] は舌の奥の方が盛り上がり口の上側（口蓋）の奥の方（軟口蓋）に付くことによって息が妨げられて生じる音である。こうした息が妨げられる位置のことを調音位置あるいは調音点と呼ぶ。

　子音の種類は、調音位置に加え、息の妨害の方法の違いも関わる。これを調音法と言う。例えば [t] は歯茎と舌で息の流れが一時的に完全に止まり（閉鎖され）、その後、歯茎と舌が離れてその閉鎖が開放され、破裂するように息が出ることで生じる音であり、破裂音あるいは閉鎖音と呼ばれる。[p]、[k]、[d] も同じ

破裂音である。[p] と [k] は、上で見たように [t] と調音位置は異なるが、調音法は同じである。一方 [d] は、[t] と調音位置も調音法も同じである。両者の違いは、声帯が振動しているか否かで、[d] のように声帯が振動するものは有声子音、[t] のように振動しないものは無声子音と呼ばれる。

さて、助詞「の」の撥音化の話に戻ろう。図 6.8 で見たように、格助詞に比べて準体助詞の方が撥音化する割合が圧倒的に高い。そこで準体助詞「の」がどのような環境で撥音化するのか、またなぜこれほど撥音化率が高いかを考えてみよう。

表 6.5 は、準体助詞「の」が「ノ」と発音された場合と「ン」と発音された場合の両方を対象に、後続の語の頻度を調べ、それぞれ撥音化率を計算したものである。ここでは総頻度 5 以上のものを抜粋している。なお、この例題では助詞「の」の数が多いため模擬講演に限定した設問となっているが、参考のために表 6.5 には学会講演を対象とした場合の結果も合わせて記している。

結果を見ると、撥音化率が 80％以上であるものは、[s]（「す」）か [d]（「だっ」

表 6.5 準体助詞「の」に後続する語と「の」の撥音化率（総頻度 5 以上）

後続の語	ノ	ン	模擬講演の撥音化率（％）	学会講演の撥音化率（％）
す	0	22	100	100
だっ	0	9	100	—
です	41	2,734	98.5	95.5
じゃ	2	126	98.4	100
だ	9	270	96.8	92.1
だろう	3	75	96.2	74.2
でしょう	10	49	83.1	80.0
で	642	313	32.8	12.6
と	28	1	3.4	0
か	262	4	1.5	0
が	454	2	0.4	0.3
は	549	1	0.2	0
を	121	0	0	0
に	98	0	0	0
も	85	0	0	2.5
かしら	8	0	0	—

「です」「じゃ」「だ」「だろう」「でしょう」）であり、いずれもその冒頭が歯茎音の語である。このように、「の」と同じ調音位置が連続する場合に準体助詞「の」の撥音化が生じており、その意味では格助詞と同じである。

　では両者の撥音化率の違いを引き起こしたのは何であろうか。格助詞に後続する語と準体助詞に後続する語を比較すると（表6.3、表6.5）、格助詞ではさまざまな語が後続しているのに対し、準体助詞の場合、その大半が助動詞「です」（語形「デス」「ス」の終止形）と助動詞「だ」（終止形、連用形促音便、意志推量形、および連用形「で」＋係助詞「は」が融合した「じゃ」）であることに気付く。

　このうち「す」は、「です」の「で」が落ちた語形であり、次の発話例のように、かなりカジュアルなスタイルの発話で観察される。よりフォーマルなスタイルの学会講演では、3件（1名の話者、20代男性）しか生じていない。

　あまり家 帰らなくなるん<u>す</u>よね
　タルタルソースが掛かってるっていう凄いやつだったん<u>す</u>ね
　何て言うん<u>す</u>かね
　お前何なんだよみたいな気がないでもなかったん<u>す</u>けど

　一方、それ以外については、学会講演でも高い確率で生じている。発話例を見てみよう。

　主人はそういうものが分からないん<u>です</u>ね
　本当に真っ黒なん<u>だ</u>そうです
　ま無理なん<u>でしょう</u>けどもね
　一体これは誰なん<u>だろう</u>と思って
　女の子は多分全般的に喜ぶん<u>じゃ</u>ないかと思います

　準体助詞「の」に助動詞「だ」「です」が後続する「のだ」「のです」（およびその各活用形）は、一般には「のだ」「のです」という形で、連語として定着している。特に、スタイルの高い学会講演でも撥音化率が極めて高いことから、話し言葉においては、スタイルの高低に関わらず「の」が撥音化した口語的な「んだ」「んです」の形が広く用いられていると考えられる。

　ただし、同じ助動詞「だ」が後続するにもかかわらず、他の活用よりも撥音

化率が低いものがある。「だ」の連用形「で」である[2]。模擬講演の撥音化率は32.8％と、「だ」「です」以外のものが後続するときよりは圧倒的に高いが、「だ」の他の活用と比べるとかなり低い。学会講演の撥音化率は12.6％とさらに低く、スタイルの高低が「ので」「んで」の選択に影響していると言える。この点もまた、連用形以外の「のだ」「のです」と違うところである。発話例を見てみよう。

　　一応受験を控えてるん<u>で</u> 手術はやめた方が良いと
　　三杯ぐらい食べちゃったん<u>で</u> 多分それが原因かなと思います
　　BGM が大きめなの<u>で</u> 声の小さい人とのお喋りはしづらい店です
　　縮むことがないの<u>で</u> 安心して何度でも洗います

　「だ」の連用形「で」の場合、これらの例にあるように、「ので」全体で接続助詞となり理由を表す従属節を導くことが多い。それに対し連用形以外では、「主人はそういうものが分からないん<u>です</u>ね」や「本当に真っ黒なん<u>だそうで</u>す」のように、「のだ」「のです」の要素が文末に現れることが多い。こうした文法要素の違いが、連用形の「で」とそれ以外の撥音化率の違いにつながった可能性がある（小磯ほか、2005）。

　準体助詞がどのような環境で撥音化しやすいのか、またなぜ、格助詞に比べて圧倒的に撥音化率が高いのか、という問いについて、次のようにまとめることができる。撥音化する環境については、格助詞の場合と同様、「の」と同じ調音位置である歯茎音が連続する（歯茎音で始まる語が後続する）場合である。この点について両助詞は共通している。しかし準体助詞では歯茎音から始まる「だ」「です」が後続することが多く、かつ話し言葉においては「の」が撥音化した口語的な「んだ」「んです」の形が広く用いられるために、格助詞と比べて準体助詞の方が撥音化率が圧倒的に高くなったものと考えられる。

---

2)　ここには格助詞「で」が7件だけ含まれているが、残り948件は全て助動詞「だ」である。

第 6 章　発音のバリエーション

演習 2　活用語尾の撥音化を調べてみよう。

　CSJ 全体を対象に、「分かる」や「取る」などのラ行五段活用動詞の活用語尾のラ行音が、「分か<u>ん</u>ない」のように撥音化する環境について調べ、その理由を考えてみよう。助詞「の」の場合と同様に、次に来る語に着目する。ラ行五段活用の動詞を検索するには、図 6.9 に示すように、「活用型」の「小分類」を「五段-ラ行」にする。また、活用語尾のラ行音が「ン」と撥音化するものを調べるには、「発音」を「%ン」とする。ここで「%」は 0 文字以上の任意の文字列（どのような文字列でもよく、また 0 文字でもよい）を表すワイルドカードである。「ワカン（分かん）」や「カワン（変わん）」「ノコン（残ん）」などがヒットする。

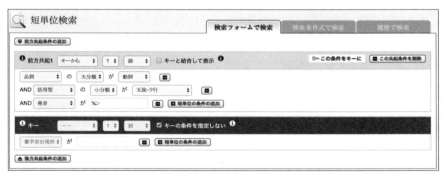

図 6.9　ラ行五段活用動詞の撥音化した活用語尾の次に来る語をキーにして検索するフォーム画面

発展

　準体助詞「の」に助動詞「だ」の終止形が後続するもののうち、「の」が「ン」と撥音化する確率を、『現代日本語書き言葉均衡コーパス』（BCCWJ）の白書・新聞・ブログ、CSJ の学会講演・模擬講演、『日本語日常会話コーパス』（CEJC）を対象に求め、それぞれのレジスター（白書、新聞、ブログ、学会講演、模擬講演、日常会話）ごとに撥音化率を比較してみよう。

--- - コラム ------

話し言葉のコーパスを用いて発音を調べる

　CSJ を対象に、「日本」がどのように発音されているか、つまり、「ニホン」か「ニッポン」かを調べたところ、「ニッポン」はわずか 3％に過ぎず、「ニホン」が圧倒的に用いられていることが分かった（前川、2016）。この比率の偏りにも驚くが、このことがさまざまなメディアで取り上げられたことにも驚かされた。つまり、我が国の名称が実際にどのように発音されているのか、その実態が十分には分かっていなかったのである。「NHK」の読み方も同じである。発音の辞書では「エヌエッチケー」や「エヌエイチケー」が挙がっているが、実際にコーパスを調べてみると、183 件中 132 件は「エヌエチケー」、24 件が「エネーチケー」で、「エヌエッチケー」と「エヌエイチケー」はわずか 9 件、7 件だったのである（前川、2016）。

　筆者は CSJ の構築に携わったが、主に担当したのは転記テキストの設計・構築であった。その際、発話された内容を漢字仮名交じりで記すだけでなく、発音のなまけや言い間違いなども含め、仮名で表現できる範囲でできるだけ忠実に発音を記録する方針を採用した。このように判断したのは、このコーパスが自発音声の音声認識システムの精度向上のために開発されたものであり、できるだけ忠実な発音の記録が不可欠だったためである。しかしこうしたコーパスを公開することによって、工学的な応用研究だけでなく、本章で見てきたように、発音に関する言語学的な研究にも広く活用できるようになった。

　実は、作業コストが非常にかかるため、発音のなまけや言い間違いなども含め発音をできるだけ忠実に記した話し言葉のコーパスは、CSJ や CEJC などに限られるのが現状である。そのため、話し言葉のコーパスを用いて発音について調べる際には、各コーパスが定める転記の仕様をよく読み、発音をどの程度正確に表現しているかを把握する必要がある。これは、語形や語彙に関しても同様である。日本語には、「分別（ブンベツ／フンベツ）」や「施行（シコウ／セコウ）」などのように、同じ綴りで異なる読み・発音を持つ同形異音語が数多くあり、この区別が十分にできないコーパスも少なくないためである。

　一方で、CSJ や CEJC であっても、やれることには限りがある。「中納言」で表現されている発音の情報は、転記作業の中で聞き分けられる程度の精度で、か

つ、仮名で表現できる範囲に限られるためである。より正確に発音について調べるためには、例えば CSJ に付与されている分節音ラベリング（藤本ほか、2006）などを用いる必要がある。分節音ラベリングは、音声波形とスペクトログラムを参照しながら、音声を子音や母音などの構成要素に分けて記したものであり、転記テキストの発音よりも正確かつ詳細な情報が得られる。

参 考 文 献

小磯花絵・間淵洋子・前川喜久雄（2005）「助詞の撥音化現象―『日本語話し言葉コーパス』を用いた音声転訛現象の分析―」、『言語・音声理解と対話処理研究会』SIG-SLUD-A403-02、7-12

小磯花絵・西川賢哉・間淵洋子（2006）「転記テキスト」、国立国語研究所『日本語話し言葉コーパスの構築法』、23-132

小磯花絵・天谷晴香・居關友里子・臼田泰如・柏野和佳子・川端良子・田中弥生・伝康晴・西川賢哉（2020）「『日本語日常会話コーパス』モニター版の設計・評価・予備的分析」、『国立国語研究所論集』**18**、17-33

斉藤純男（1991）「現代日本語における縮約形の定義と分類」、『東北大学日本語教育研究論集』(6)、89-97

伝康晴・小木曽智信・小椋秀樹・山田篤・峯松信明・内元清貴・小磯花絵（2007）「コーパス日本語学のための言語資源―形態素解析用電子化辞書の開発とその応用―」、『日本語科学』**22**、101-123

土岐哲（1975）「教養番組に現れた締約形」、『日本語教育』(28)、55-66

土岐哲（2010）『日本語教育からの音声研究』、ひつじ書房

藤本雅子・菊池英明・前川喜久雄（2006）「分節音ラベリング」、国立国語研究所『日本語話し言葉コーパスの構築法』、323-346

前川喜久雄（2002）「『日本語話し言葉コーパス』を用いた言語変異研究」、『音声研究』**6**(3)、48-59

前川喜久雄（2016）「日本語の全体像を知るために―国立国語研究所による言語資源整備―」、第 7 回産業日本語研究会・シンポジウム
https://www.tech-jpn.jp/wp-content/uploads/2016/03/pr-02.pdf

第7章
話し言葉の経年変化

丸山岳彦

導入1 「〜な」と「〜なる」の経年変化を捉えてみよう。

　以下に示すのは、国会での発言録である「国会会議録」の中に出現した、「重大」「十分」「新た」が名詞を修飾している例である（検索は、後述する全文検索システム「ひまわり」で実施した）。

(1) この三党合意は、<u>重大な</u>問題をはらんでいるからです。
(2) 基本理念への<u>重大なる</u>挑戦と言っても過言ではございません。
(3) 国会において<u>十分な</u>御議論をいただきたいと考えております。
(4) 政府におかれましては、<u>十分なる</u>支援を行われるよう求めます。
(5) 貧困率が上昇するなど<u>新たな</u>問題が発生しております。
(6) 農山漁村の<u>新たなる</u>可能性を切り開いてまいります。

　これらの例は、形状詞（学校文法における「形容動詞」の語幹）の「重大」「十分」「新た」が名詞を修飾する際、「な」および「なる」の両方を後接させうることを示している。いずれも2000年代の国会会議録で観察された例であるが、「なる」が後接する形はいずれもやや文語的で、形式ばった印象を与える。
　さらに、古い時代の国会会議録を観察していると、現代ではあまり見かけない「形状詞＋なる」の用例を見つけることができる。

(7) 統制機関のごときは殆ど<u>非常なる</u>弊害があつて、
(8) 平常の施策でなく<u>特別なる</u>処置が講ぜられるべきであり、

第7章　話し言葉の経年変化　　123

（9）　いささか<u>具体的なる</u>事実を承知しておるものでありまするが、

　これらはいずれも1947年の国会会議録で観察された例である。ここで見られる「非常なる」「特別なる」「具体的なる」という表現は、現代ではほぼ使われていないように思われる。

　ここまでの観察から分かるのは、a. 形状詞が名詞を修飾する際、「な」が後接する場合と「なる」が後接する場合があること、ただし、b.「なる」が後接する場合は比較的少数で、文語的な印象を与えること、さらに、c. 現代ではほぼ見かけない「形状詞＋なる」の例が過去にあったこと、という3点である。

　「形状詞＋な」と「形状詞＋なる」は、「文法形式のバリエーション」の一例と言えるが（第4章参照）、これら2つの形式は、数量的にどのように分布しているのだろうか。また、「形状詞＋な／なる」として使われる形状詞の種類や、その頻度は、時代によって変化しているのだろうか。ここでは「言語の経年変化」という観点から、過去65年間にわたる国会会議録において、「形状詞＋な／なる」の使われ方がどのように変わってきたかを観察してみることにしよう。

例題 1　「国会会議録」で「形状詞＋な／なる」の出現状況を調べよう。

　「国会会議録」は、第1回国会（昭和22年5月）以降、現在に至るまでの本会議・委員会における会議録（発言の記録）を収めた、膨大な言語資料である。ウェブ上で「国会会議録検索システム」（https://kokkai.ndl.go.jp/）が公開されており、そのテキストが検索できるようになっている。さらに、言語研究用に設計された全文検索システム「ひまわり」に国会会議録のデータを取り込み、検索・集計できるようにした「『国会会議録』パッケージ」が公開されている（山口、2022）。このパッケージには、1947〜2012年の国会（衆議院・参議院）における本会議・予算委員会の会議録が収録されており、討議部分だけでも1億4000万文字を超える大規模な言語データが検索できる。

　ここでは「ひまわり」を利用して、国会会議録（本会議）における「形状詞＋な／なる」の出現状況（出現数、比率）を調べてみよう。以下では、(1)「ひ

まわり」と「『国会議録』パッケージ」のインストール、(2)「形状詞＋な／なる」の検索と集計、(3)「形状詞＋な／なる」の年代別の推移、の順に解説する。

■ **データ作成の手順 1：全文検索システム「ひまわり」と「『国会議録』パッケージ」のインストール**

「ひまわり」とは、言語研究用に設計された全文検索システムであり、任意のコーパスを検索・集計するための機能が多く備わっている（山口、2022）。既存のコーパス・言語資料を取り込んだパッケージが準備されているほか、利用者が独自に作成したコーパスを取り込んで利用することもできる。ここでは「ひまわり」と「『国会議録』パッケージ」をインストールしてみよう。

① 「全文検索システム『ひまわり』」のウェブサイトから、「ひまわり」本体をダウンロードする（ここでは ver. 1.7.4 を使用する）。Zip 形式のファイルをダウンロードして、適当なフォルダに展開する。展開したフォルダ内の"himawari.exe"をダブルクリックすると、「ひまわり」が起動する（図 7.1）。

② 次に、「ひまわり」のウェブサイトにある「『国会議録』パッケージ」および「形態素解析結果の追加パッケージ」をダウンロードして、「ひまわ

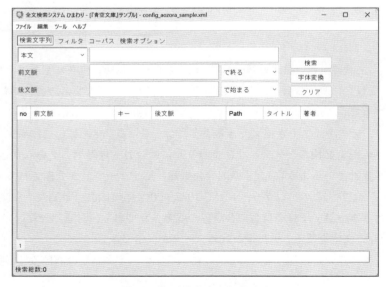

図 7.1　「ひまわり」の起動画面

り」にインストールする。インストール方法は、ウェブサイト上の記事を参照のこと（ここではバージョン "20140327_rev20200410" を使用する。最新版が異なる場合は、適宜、読み替えてほしい）。

③ 「ひまわり」で、メニューの「ファイル」→「コーパス選択」から、コーパス名に「国会会議録（本会議）_20140327_rev20200410.sd」を、「外部DB」に「あり（sd）」を、それぞれ指定して（図 7.2）、OKを押す。

④ 試みに、タブ「検索文字列」の「討議部分」に「重大なる」と入力し、検索してみる。一覧が表示され、左下に「検索総数:3188」と表示されれば、正しく動作している（図 7.3）。

これで、「ひまわり」と「『国会会議録』パッケージ」のインストールが完了した。

図 7.2 「ひまわり」での「コーパスの選択」

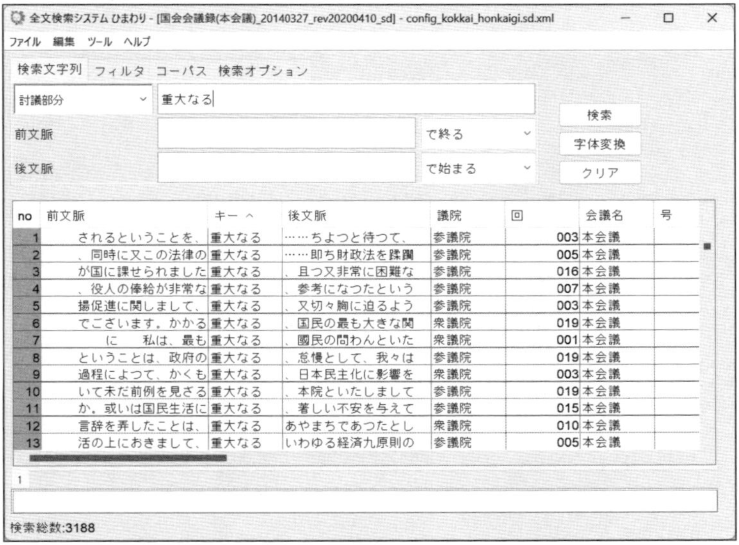

図 7.3 「ひまわり」で「重大なる」を検索した結果

■ データ作成の手順２：「形状詞＋な／なる」の検索と集計

　「形状詞＋な／なる」を検索するには、少しコツがいる。まず「形状詞＋なる」の用例を検索し、どのような形状詞に「なる」が続くかを調べてみよう。その後、その一部について「な」が続く場合を個別に検索し、「な」と「なる」の比率を分析してみよう。

　なお、『『国会会議録』パッケージ」中、「重大」の品詞は「形状詞」ではなく「名詞」として解析されており、さらに「品詞細分類」の欄に「形容動詞語幹」と指定されている。この情報を利用して、検索結果を絞り込んでいく。

① 　タブ「検索文字列」の「品詞」に「名詞」、「後文脈」に「なる」「で始まる」と指定して、「検索」ボタンを押す（PC の性能によっては、検索にかなりの時間がかかる）。
② 　検索結果のうち、列「品詞細分類１」に「形容動詞語幹」と記載のある例を見つけて、右クリック→「フィルタ」を選ぶと、検索結果から「形容動詞語幹」の例のみが絞り込まれる（図7.4）。
③ 　「キー」列の任意の例を右クリック→「統計」を選ぶと、図7.5 のようなミニ

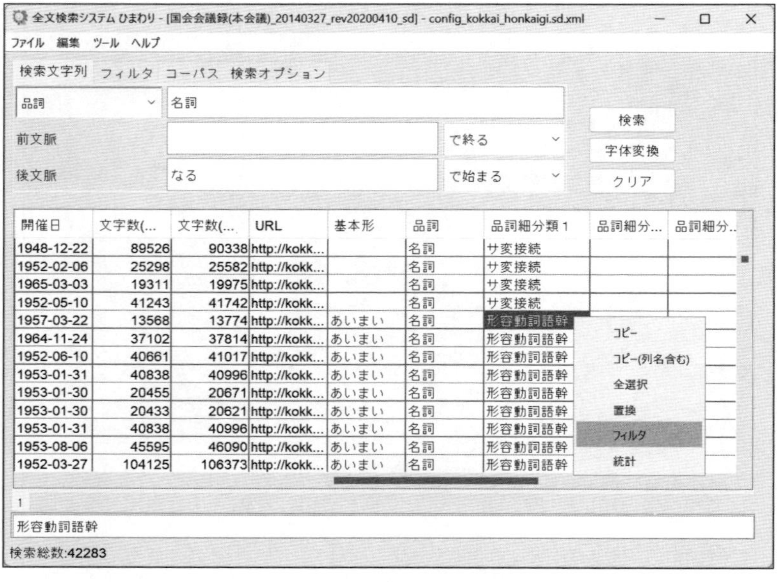

図7.4 フィルタによる「形容動詞語幹」の絞り込み

第 7 章　話し言葉の経年変化

ウィンドウが開き、「なる」が後接する形容動詞語幹の頻度表が表示される。

④ ミニウィンドウ内の任意の例を右クリック→「全選択」→右クリック→「コピー（列名含む）」を選び、新規作成した集計用のExcelのセルA1にペーストする。B列1行目（セルB1）の「頻度」を「なる」と書き換えておく。これで「形状詞＋なる」の頻度表ができた。

⑤ 次に、上位30位までの語について、「〜な」になる数を検索してみよう。「ひまわり」で、タブ「検索文字列」の「討議部分」に「重大な」、「後文脈」に「る」「で始まらない」と指定して（図7.6）、検索ボタンを押す。

キー	頻度 ∨
重大	3190
重要	1374
必要	1198
十分	1156
明確	1109
新た	1014
健全	969
主	960
適切	952
熱心	888
明快	630
完全	533
更	520

総数(延べ)：33690, 異なり：787

図 7.5　「なる」が後接する形容動詞語幹の頻度表

図 7.6　「重大な」（ただし「重大なる」を除く）を検索する画面

⑥ 集計用 Excel のセル C1 に「な」と記入し、「重大」の行に検索総数（1万2556）を転記する。同様に「重要な」「必要な」などを検索し、C列の値を埋めていく。上位30位まで値を埋めたら、セル D1 に「なる率」と入力し、D2 のセルに数式「=B2/SUM(B2:C2)」と入力する（図7.7）。これで、「重大」が「なる」の形をとる比率が計算できる。

⑦ D2 セルの右下にある小さな■をダブルクリックし、数式を下の方までコピーする。

⑧ 最後に D 列の値を右クリック→「並べ替え」→「降順」を選び、「なる率」が高いものから順に並べる。また、C 列が空白の場合を除外するために、C 列にフィルターをかけて「(空白セル)」を除外する（図7.8）。

これで、「形状詞＋な／なる」のうち、「なる」の形で出現しやすい語のリストができた。

図7.7 「なる率」を計算する式の入力

キー	なる	な	なる率
重大	3190	12556	20.26%
重要	1374	19736	
必要	1198	24728	
十分	1156	7717	
明確	1109	6015	
新た	1014	11067	
健全	969	4451	
主	960	4245	
適切	952	8872	

	キー	なる	な	なる率
759	深甚	418	76	84.62%
760	更	520	108	82.80%
761	円満	254	469	35.13%
762	明快	630	1420	30.73%
763	熱心	888	2003	30.72%
764	詳細	314	865	26.63%
765	完全	533	1472	26.58%
766	重大	3190	12556	20.26%
767	正当	289	1205	19.34%
768	主	960	4245	18.44%
769	健全	969	4451	17.88%
770	正常	321	1497	17.66%
771	強力	395	2076	15.99%
772	明確	1109	6015	15.57%
773	妥当	281	1552	15.33%
774	公正	507	2912	14.83%
775	適当	368	2185	14.41%
776	十分	1156	7717	13.03%

図7.8 「なる率」が高いものから降順ソートした状態

■ データ作成の手順3：「形状詞＋な／なる」の年代別の推移

最後に、「形状詞＋な／なる」の出現数を年代別に集計し、その推移をグラフ

化してみよう。ここでは「なる」の頻度順に並べ替えた上位 5 位の語について、年代別の出現数と、「なる率」の推移を検討することにする。

① 図 7.7 に示した頻度表のうち、上位 5 位だった「重大」「重要」「必要」「十分」「明確」の 5 語を対象とする。

② まず、各語に「なる」が後接する例を個別に検索し、その開催日の一覧を収集することにする。「ひまわり」で、タブ「検索文字列」の「討議部分」に「重大なる」と指定して、検索ボタンを押す。

③ 「開催日」列の 1 行目の値をクリックし、Ctrl + Shift + End キーを押すと、その列の最下部までが一括選択される（図 7.9）。

④ 選択した範囲を右クリック→「コピー」（または Ctrl + c）して選択範囲をコピーし、集計用 Excel に新規に作成したシートにペーストする。その際、1 行目（見出し）に「重大なる」と入力し、シート名を「出現数」としておく。

⑤ 同様に、「重大な」「重要なる」「重要な」順に検索し、「開催日」の情報をシート「出現数」にペーストしていく（図 7.10）。これで、出現数を開催年ごとに集計するためのデータができた。

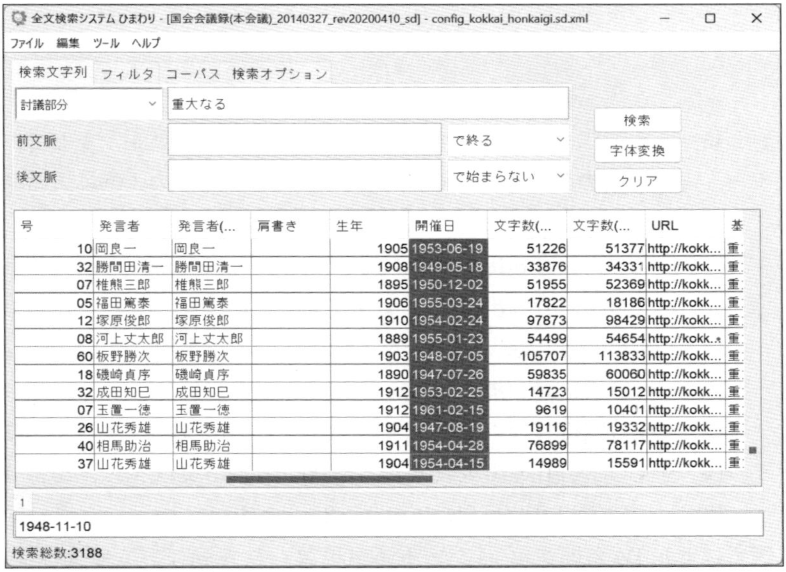

図 7.9 開催日の一括選択

図 7.10 「開催日」をペーストしたシート

	A	B	C	D	E	F	G
1	重大なる	重大な	重要なる	重要な	必要なる	必要な	十分な
2	1949/3/30	1947/3/24	1947/3/24	1956/4/20	1951/5/28	1968/2/1	1965/
3	1950/3/14	1947/3/24	1947/3/24	1949/4/16	1951/3/30	1964/5/8	1955
4	1949/5/23	1947/3/24	1947/7/1	1987/7/29	1957/3/13	1964/4/23	195
5	1952/3/27	1947/5/21	1947/7/1	1987/2/4	1950/3/31	1960/3/25	195
6	1948/6/7	1947/6/28	1947/7/1	1971/5/17	1948/3/23	1958/3/20	195
7	1947/9/30	1947/7/2	1947/7/1	1987/8/21	1947/9/20	1978/9/29	1953
8	1949/5/18	1947/7/2	1947/7/1	1963/6/30	1947/7/5	1978/4/26	1950
9	1950/7/17	1947/7/2	1947/7/1	1948/7/2	1947/7/3	1985/1/29	1949
10	1956/3/28	1947/7/2	1947/7/1	1948/7/2	1956/11/17	1948/3/23	195
11	1947/11/18	1947/7/2	1947/7/1	1956/3/23	1947/7/1	2006/10/4	1949
12	1957/2/28	1947/7/2	1947/7/2	1957/3/25	1948/1/22	2002/3/13	1947

	A	B	C	D	E	F	G	H	I	J	K
1	開催年	重大なる	重大な	重要なる	重要な	必要なる	必要な	十分なる	十分な	明確なる	明確な
2	1940年代										
3	1950年代										
4	1960年代										
5	1970年代										
6	1980年代										
7	1990年代										
8	2000年代										
9	2010年代										

図 7.11 集計用のシート

⑥ 新しいシートに図 7.11 のような枠を作り、シート名を「集計」としておく。

⑦ シート「集計」の B2〜B9 に、COUNTIFS 関数を以下のように入力する。

    B2 → =COUNTIFS(出現数!A:A,"<1950/1/1")

    B3 → =COUNTIFS(出現数!A:A,">=1950/1/1",出現数!A:A,"<1960/1/1")

    B4 → =COUNTIFS(出現数!A:A,">=1960/1/1",出現数!A:A,"<1970/1/1")

    B5 → =COUNTIFS(出現数!A:A,">=1970/1/1",出現数!A:A,"<1980/1/1")

    B6 → =COUNTIFS(出現数!A:A,">=1980/1/1",出現数!A:A,"<1990/1/1")

    B7 → =COUNTIFS(出現数!A:A,">=1990/1/1",出現数!A:A,"<2000/1/1")

    B8 → =COUNTIFS(出現数!A:A,">=2000/1/1",出現数!A:A,"<2010/1/1")

    B9 → =COUNTIFS(出現数!A:A,">=2010/1/1")

例えばセル B4 の関数は、「シート「出現数」の A 列にある値（日付）が「1960/1/1 以上」かつ「1970/1/1 未満」という条件（つまり 1960 年代）を

満たす場合の回数をカウントせよ」という意味である。テキストエディタなどで数式を入力し、Excel にペーストするとよい。また、Excel のメニュー「数式」→「関数の挿入」から入力することもできる。

⑧ B2～B9 を選択し、右下にある小さな■を右方向にドラッグして（図 7.12）、数式を全ての列にコピーする。

⑨ 各語の「なる率」の推移をまとめる。別途、図 7.13（下部）のような表を作り、各語・各年代の「なる率」を計算する。「重要なる」の場合は、「=D2/

B2　=COUNTIFS(出現数!A:A,"<1950/1/1")

	A	B	C	D	E	F	G	H	I	J	K
1	開催年	重大なる	重大な	重要なる	重要な	必要なる	必要な	十分なる	十分な	明確なる	明確な
2	1940年代	977									
3	1950年代	1602									
4	1960年代	354									
5	1970年代	106									
6	1980年代	43									
7	1990年代	6									
8	2000年代	2									
9	2010年代	0									

図 7.12　数式のコピー

	A	B	C	D	E	F	G	H	I
1	開催年	重大なる	重大な	重要なる	重要な	必要なる	必要な	十分なる	十分な
2	1940年代	977	858	494	862	443	1250	278	2
3	1950年代	1602	2592	668	2424	546	3895	541	8
4	1960年代	354	1993	121	2350	112	2864	176	9
5	1970年代	106	2053	39	2512	32	2330	76	8
6	1980年代	43	1560	6	2772	9	2576	19	7
7	1990年代	6	1727	1	4007	0	4095	16	15
8	2000年代	2	1420	0	3697	2	5185	7	15
9	2010年代	0	263	0	844	0	1732	1	4
10									
11	開催年	重大なる	重要なる	必要なる	十分なる	明確なる			
12	1940年代	53.24%	=D2/SUM(D2:E2)						
13	1950年代								
14	1960年代								
15	1970年代								
16	1980年代								
17	1990年代								
18	2000年代								
19	2010年代								

図 7.13　「なる率」の計算

SUM(D2:E2)」と入力する。数値は「パーセントスタイル」に変更しておく。

⑩「1940 年代」の各列に数式を入力し終わったら、B12〜F12 を選択し、右下にある小さな■を下方向にドラッグして（図 7.14）、数式を全ての行にコピーする。

⑪ A11〜F19 の範囲を選択し、「なる率」の推移を折れ線グラフにする（図 7.15）。

これで、過去 65 年間における国会会議録（本会議）における「形状詞＋な／なる」が時代の経過とともに推移していく様子を捉えることができた。

11	開催年	重大なる	重要なる	必要なる	十分なる	明確なる
12	1940年代	53.24%	36.43%	26.17%	49.12%	61.45%
13	1950年代					
14	1960年代					
15	1970年代					
16	1980年代					
17	1990年代					
18	2000年代					
19	2010年代					
20						

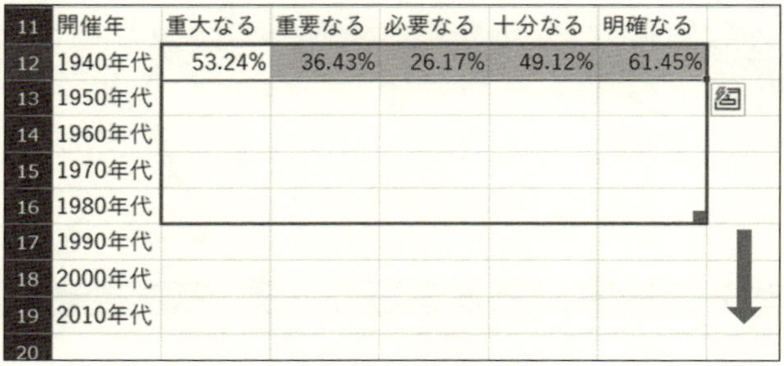

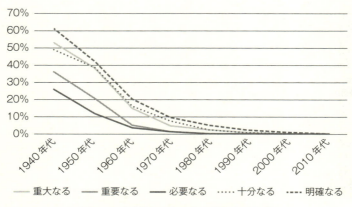

図 7.14　数式のコピー

図 7.15　「形状詞＋なる」の使用率の推移

■ 考　察

上記までの手順で、過去65年間にわたる国会会議録（本会議）を対象として、以下の点を明らかにすることができた。

- 「形状詞＋なる」として使われやすい形状詞の種類（図7.5）
- 「形状詞＋な」「形状詞＋なる」という２つの形式の量的な分布（図7.8）
- 時間の経過に伴う「形状詞＋なる」の使用率の推移（図7.15）

これらの結果を見ながら、「言語の経年変化」という観点から、「形状詞＋な／なる」の使われ方について考えてみよう。

まず、「なる」が後接する形状詞のうち、頻度が高いものは、図7.5の通り、「重大」「重要」「必要」「十分」「明確」「新た」「健全」などであった。特に１位の「重大」の出現数は3190回と非常に多く、２位「重要」の1374回を大きく上回っている。

では、これらにはどのような名詞が後接しているのだろうか。「ひまわり」で「品詞」を「名詞」、「前文脈」に「重大なる」「で終わる」と指定して検索し、キー列の値を右クリック→「統計」を選ぶと、「重大なる」に後接する名詞の一覧が得られる（図7.16）。

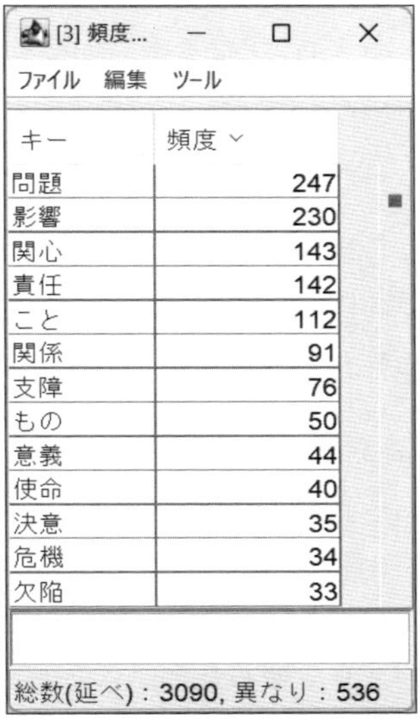

キー	頻度
問題	247
影響	230
関心	143
責任	142
こと	112
関係	91
支障	76
もの	50
意義	44
使命	40
決意	35
危機	34
欠陥	33

総数(延べ)：3090, 異なり：536

図7.16　「重大なる」に後接する名詞の頻度表

第 7 章　話し言葉の経年変化

表 7.1 「重大なる」「重要なる」に後接する名詞

重大なる		重要なる	
問題	247	問題	98
影響	230	もの	62
関心	143	点	56
責任	142	こと	50
こと	112	法案	39
関係	91	質疑	31
支障	76	地位	29
もの	50	役割	28

　同様に「重要なる」に後接する名詞を検索し、両者をまとめた結果を、表7.1 に示す（上位 8 位）。

　いずれも 1 位に「問題」が来る点は一致している。一方、「重大なる」の 2 位以下には「影響」（230 件）、「関心」（143 件）、「責任」（142 件）と続くが、「重要なる」に「影響」が後接するのは 12 件、「関心」は 1 件、「責任」は 5 件しかなかった。これらの語は「重大なる」と強く結び付いていると言えるだろう。

　次に、「形状詞＋な」「形状詞＋なる」という 2 つの形式の数量的な分布について見る。図 7.8 のリストのうち、「なる率」が高い「深甚なる」「円満なる」「明快なる」は、以下のような例である（「更な」という形のない「更なる」は除く）。

（10）　あらためて深甚なる敬意を表する次第であります。　　　　（1956 年）

（11）　院内における議事の円満なる運営をはかるために、　　　　（1959 年）

（12）　具体的な明快なる答弁をお願いいたします。　　　　　　　（1947 年）

それぞれに後接する名詞を頻度順に調べてみると、「深甚なる」は「敬意」（102 件）、「謝意」（59 件）、「円満なる」は「運営」（52 件）、「解決」（40 件）、「明快なる」は「答弁」（241 件）、「見解」（22 件）などとなっていることが分かった。特に「深甚なる」「明快なる」については、「深甚なる敬意」「明快なる答弁」が固定された言い回しとして使われていると考えることができるだろう。

　最後に、時間の経過に伴う「形状詞＋なる」の使用率の推移について見てみよう。図 7.15 から明らかなように、1940 年代以降「形状詞＋なる」の比率は下

第 7 章　話し言葉の経年変化

表 7.2 2000 年代の国会会議録に現れた「形状詞＋な／なる」

	な	なる	なる率
新た	4,604	71	1.5%
明快	340	38	10.1%
深甚	1	29	96.7%
多大	199	21	9.5%
賢明	33	18	35.3%
明確	1,459	14	1.0%
厳正	217	11	4.8%
円満	113	11	8.9%
十分	2,077	10	0.5%
健全	649	9	1.4%

がり続けており、現代ではほとんど使われなくなっていると見てよい。そもそも「形状詞＋なる」はナリ活用の形容動詞の連体形という古い形であり、現代ではほぼ「形状詞＋な」に置き換わっていると考えられる。

　しかしながら、本章の冒頭の例 (2)(4)(6) でも示したように、現代においても「形状詞＋なる」の使用例が全くないわけではない。「ひまわり」のタブ「フィルタ」から「開催日」を「2」「で始まる」と指定した上で、タブ「検索文字列」で「品詞」に「名詞」、「後文脈」に「なる」「で始まる」と指定して検索すると、表 7.2 のような「形状詞＋なる」が、2000 年代になっても使われていることが分かる。なお、「形状詞＋な」の数および「なる率」も同時に示す。

　この中にあって、「深甚」は「深甚なる」が 96.7％ と大半を占めている。具体的な用例を見ると、その全てが、「深甚なる」に「哀悼の意」「感謝の意」「敬意」「謝意」が後接し、さらに「を表します」などが続くパターンであった。先に (10)〜(12) で挙げたのは 1940 年代から 1950 年代の例であったが、2000 年代に入ってもなお、国会という場で「深甚なる〜の意を表す」という形が固定的な表現として使われていると考えることができる。

　さらに、「なる率」が比較的高かった「賢明なる」には「御判断」「議員」などが、「明快なる」には「答弁」「御見解」などが、それぞれ後接する例が多く観察された。これらもまた、国会という場における定型表現として、現代でもなお使用されている例と見ることができる。

一方、本章の冒頭の例（7）〜（9）で示した「非常なる」「特別なる」「具体的なる」という表現の出現数を調べてみると、1960 年代以降は急激に出現数が減り、2000 年代以降は出現数ゼロとなっていた。これらは、国会という場において、現代に至る過程で衰退した表現であると考えられる。

■ 解説 1 言語の経年変化

言葉は、時代とともに変化するものである。時間の経過に伴って言語が変化していく現象を、「言語の経年変化」と呼ぶ。言語の経年変化の具体的な事例は、発音、音韻、表記、語彙、文法、意味など、言語を構成する各レベルにおいて観察される。現在のハ行子音が、古代の [p] から [Φ]、[h] と変化してきたのは、音声の経年変化の例である。また、鎌倉期から室町期に係り結びが衰退した現象は、文法の経年変化の例である。さらに、文化や社会状況の変化によって新しい語が誕生したり古い語が廃れて使われなくなったりするのは、語彙の経年変化の例である。ここまで見てきた「形状詞＋なる」という形式が「形状詞＋な」に置き換わっていく過程は、文法形式の形態的な経年変化の例として捉えることができる。

遠藤（2008）は、1931〜1945 年の家庭雑誌『家の光』の記事と、戦時中に放送されたラジオドラマ台本をコーパス化した上で、戦前期における形容詞、形容動詞、副詞の使用実態を検討している。この調査では、「遥かなる」「壮烈なる」「果敢なる」など 51 例の「形容動詞＋なる」が抽出された。その一部は「同時に現代語と同じ「−な」「−に」などの語形でも使われていて、現代語への過渡期にある」（p. 55）とされている。さらに、これらの語が現代の国語辞書に立項されているか否か、「文章語」と注記されているかどうかを検討し、現代語として日常場面で使われる語と判断されているかどうかを調査している。独自に構築したコーパスに基づく、戦前期から現代にかけての経年変化の研究、あるいは「現代語誌研究」として、優れた実践例である。

言語の経年変化を明らかにするために組織的に開発された日本語コーパスの一つに、『日本語歴史コーパス』（CHJ）がある。CHJ は、奈良時代から明治・大正・昭和初期までの言語資料を収めた、日本語の歴史を研究するための基礎資料として開発中のコーパスであり、2024 年時点で 2000 万語を超える語数を収録している（バージョン 2023.03）。各時代における言語資料を比較して分析

第7章　話し言葉の経年変化　　　137

することにより、「通時コーパス」としての利用が可能になっている。

　以下では、CHJ に含まれる明治時代と大正時代のテキスト、さらに『現代日本語書き言葉均衡コーパス』（BCCWJ）に含まれる昭和後期～平成期のテキストを対象として、「形状詞＋な／なる」の経年変化を見てみよう。CHJ・BCCWJについて、それぞれ中納言にアクセスし、キーに「品詞」の「中分類」が「形状詞-一般」、後方共起 1 に「書字形出現形」が「なる」、「品詞」が「助動詞」と指定して、検索結果をダウンロードした。ピボットテーブルで出現数を集計し、上位 10 位の語については個別に「形状詞＋な」の例を検索した。さらに、「形状詞-一般」を「小分類」の「名詞-普通名詞-形状詞可能」に変更した例も検索し、結果に合算した。「形状詞＋なる」の出現数が多かった順に、上位 10位までの結果を表 7.3 に示す。

　明治期にはいずれの語でも高い比率を示していた「形状詞＋なる」が、大正期、昭和後期～平成期と移るにつれて徐々に衰退していく様子が分かる。「必要」は 88.3%→46.9%→0.3%、「完全」は 90.0%→44.6%→6.3%と減少しており、時代とともに「なる」が「な」に取って代わられていく過程を見て取ることができる。

　一方、昭和後期～平成期であっても「親愛なる」「未知なる」「遥かなる」「偉大なる」などは比較的高い比率を示している。これらは、「親愛なるレイチェルへ」のような定型表現や、「未知なる力」「遥かなる宇宙」「偉大なる神」のよう

表 7.3　明治期・大正期・昭和後期～平成期における「形状詞＋な／なる」の一覧

	明治期（CHJ）				大正期（CHJ）				昭和後期～平成期（BCCWJ）		
	な	なる	なる率		な	なる	なる率		な	なる	なる率
必要	81	614	88.3%	必要	191	169	46.9%	偉大	1,020	263	20.5%
有名	134	407	75.2%	重大	166	163	49.5%	新た	6,000	131	2.1%
完全	42	377	90.0%	重要	123	125	50.4%	完全	1,668	113	6.3%
困難	23	235	91.1%	有力	73	122	62.6%	親愛	6	75	92.6%
非常	210	220	51.2%	非常	335	93	21.7%	静か	1,572	70	4.3%
有力	24	218	90.1%	偉大	55	90	62.1%	遥か	156	62	28.4%
重要	34	217	86.5%	種々	80	82	50.6%	華麗	253	58	18.6%
盛	25	209	89.3%	健全	40	82	67.2%	未知	23	54	70.1%
偉大	14	208	93.7%	完全	97	78	44.6%	神聖	334	46	12.1%
重大	21	186	89.9%	困難	90	72	44.4%	必要	14,662	44	0.3%

に硬い文体の表現の中で、固定的に使われているようである。

　さて、言語の経年変化を分析する場合、できるだけ同じ性質を持つ言語資料を分析対象として準備することが望ましい。言語の変化を安定的に観察するためには、長期間にわたって一貫して記録されてきた言語データ、例えば「明治期から平成期までの新聞」を分析対象として、その中で時間の経過とともに生じた言語変化を分析・記述していく方法が考えられる。

　この点において、CHJ・BCCWJ を連結して用いた上記の分析には、若干の問題がある。CHJ（明治〜大正期）に含まれる言語資料は、「雑誌」「教科書」「明治初期口語資料」「近代小説」「新聞」「落語 SP 盤」などである。一方、BCCWJ（昭和後期〜平成期）に含まれる言語資料は、「書籍」「雑誌」「新聞」「白書」「教科書」「広報紙」「ベストセラー」「Yahoo! 知恵袋」「Yahoo! ブログ」「韻文」「法律」「国会会議録」などであり、比較する言語資料としての性質が一定でない。分析に用いる言語資料の性質は、可能な限りそろえて分析を実施すべきであろう。このような資料性のばらつきは、歴史的な言語資料を扱う際には常に問題になる点である。

　その点、「国会会議録」は、資料の一貫性という点で、非常に優れた言語資料であると言える。昭和 22 年 5 月の第 1 回国会から現在に至るまで、国の立法府における公式な会議録（本会議・委員会）が継続して記録・蓄積され続けており、そのテキストデータを「国会会議録検索システム」を通して検索・閲覧することができる。さらにコーパス研究用の全文検索システム「ひまわり」に取り込むことにより、ここまで見てきたような通時的な分析が可能になっている。言語研究に用いる際の留意点はいくつかあるものの（松田、2004；松田、2008）、日本語の経年変化を分析するための言語資料として、国会会議録が極めて貴重なデータであることは間違いない。

　国会会議録を用いた日本語の研究には、松田（2008）をはじめ、小矢野（2016）、服部（2009、2011、2018、2019）、松田（2012、2021）、茂木（2012）、森（2015、2018）、山口（2017、2019、2022）など、多くの蓄積がある。分析者のアイディア次第で、今後もさまざまな観点からの分析が実施できるはずである。

第7章 話し言葉の経年変化 *139*

演 習
1

SHC で「形状詞＋な／なる」の実態を調べてみよう。

　次に挙げるのは、『昭和・平成書き言葉コーパス』（SHC）から採集した「形状詞＋なる」の例である。

(13)　我々をして一つの<u>特殊なる</u>問題につきあたらしめるのである。

(1933 年)

(14)　しかし、その<u>堅実なる</u>内容、旺盛なる発展性は譲らない。　(1965 年)

(15)　この国の魅力は豊富で勤勉、<u>良質なる</u>労働資源である。　(2005 年)

　SHC は、戦前期から戦後、さらに 21 世紀に入って以降の書き言葉を通時的に研究するために開発された書き言葉コーパスである。収録されているメディアと語数は、「雑誌」が約 2740 万語、「ベストセラー書籍」が約 345 万語、「新聞」が約 256 万語となっている。1933 年から 2013 年まで、8 年おきに 11 年分のテキストが収録されており、言語の経年変化を探るためのコーパスとして有用である。

　ここまで、「ひまわり」と「『国会会議録』パッケージ」、CHJ＋BCCWJ で実施してきた「形状詞＋な／なる」の分布を、今度は SHC で調べてみよう。中納言にアクセスし、キーに「品詞」が「中分類」の「形状詞-一般」、後方共起 1 に「書字形出現形」が「なる」、「品詞」が「助動詞」と指定して、検索結果をダウンロードする。ピボットテーブルで出現数を集計し、上位 10 位の語については個別に「形状詞＋な」の例を検索する。さらに、「形状詞-一般」を「小分類」の「名詞-普通名詞-形状詞可能」に変更した例も検索し、結果に合算する。こうして検索・集計した結果から、以下の点を検討してみよう。

- 「形状詞＋なる」として使われやすい形状詞の種類
- 「形状詞＋な」「形状詞＋なる」という 2 つの形式の量的な分布
- 時間の経過に伴う「形状詞＋なる」の使用率の推移

　結果は、「国会会議録」、CHJ＋BCCWJ で検討した結果と同じ傾向を示すだろうか。あるいは、異なる傾向になるだろうか。

導入 2   終助詞の経年変化を捉えてみよう。

　以下に示すのは、いずれも 20 歳代前半の女性による発話を書き起こした例である。それぞれ、1950 年代の話し言葉から引用したものか、2010 年代の話し言葉から引用したものか、予測がつくだろうか。

(16)　でも やっぱり一種のぜいたくじゃないの<u>かしら</u>。

(17)　あ でも あたしたち大島とかに行った<u>わね</u>。

(18)　乙女島だとか あなた なにしろ素敵だった<u>わよ</u>。

(19)　なんか ご飯の上にかけるあの細かい海苔 あん<u>じゃん</u>。

(20)　あのさ 横浜出身でもないのに よくほざく<u>よね</u>。

(21)　なんでジャージで来たのみたいな感じなの<u>かな</u>。

　(16) ～ (18) は『昭和話し言葉コーパス』(SSC) を検索して得られた用例で、いずれも 1952 年に収録されたものである。(19) ～ (21) は『日本語日常会話コーパス』(CEJC) を検索して得られた用例で、いずれも 2010 年代後半に収録されたものである。これらは全て終助詞で発話が終わる例であるが、このような終助詞の使われ方は、時代によって変化しているのだろうか。SSC と CEJC の収録時期には 65 年ほどの時間的な開きがあるが、この間に終助詞の使用傾向は変わってきたのだろうか。

　以下では、日常会話に現れる「終助詞で終わる発話」を対象として取り上げ、「話し言葉の経年変化」という観点から、終助詞の使用傾向について分析してみよう。

例題 2   SSC と CEJC で終助詞の出現傾向を調べよう。

　日常会話に現れる「終助詞で終わる発話」の中で、終助詞の使用傾向に経年変化は見られるだろうか。このことを探るためには、時代の離れた複数の話し

言葉コーパスを準備し、それらを連結して「通時音声コーパス」として運用する方法が考えられる。ここでは、1952〜1969年に収録された日常会話を含むSSCと、2010年代後半に収録された日常会話を含むCEJCの2つを利用して、日常会話の中における終助詞の使用に経年変化が起きたかどうかについて検討してみよう。それぞれのコーパスにおいて、どのような終助詞がどれくらいの比率で使われているかを男女別に集計した上で、SSCとCEJCの間で経年変化が生じたかどうかを分析しよう。

以下では、SSCとCEJCから「終助詞で終わる発話」の例を検索し、集計・比較することにする。発話末尾に現れる語を指定する際、「発話単位末から」「1語」と設定する点がポイントである。

■ データ作成の手順1：発話末尾に現れる終助詞の頻度表

① 中納言でSSCにアクセスし、短単位検索からキーに「品詞」の「中分類」が「助詞-終助詞」と指定して、検索結果をダウンロードする。その際、キーに「節単位末から」「1語」という条件を付しておく（図7.17）。

② ダウンロードされたCSVファイルをExcelで開き、"SSC_SFP.xlsx"として保存する。メニュー「挿入」→「ピボットテーブル」からピボットテーブルを作成する。「行」に「キー」を、「列」に「性別」を配置し、さらに「性別」を「Σ合計」の欄にドラッグアンドドロップした上で、「総計」列の数値を右クリック→「並べ替え」→「降順」と選択すると、表7.4のよ

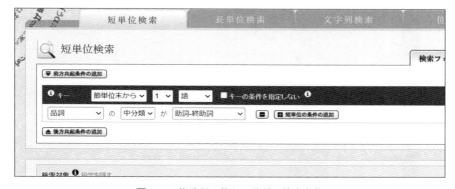

図7.17　終助詞で終わる発話の検索条件

142　　第 7 章　話し言葉の経年変化

うな頻度表が作成できる。

③　出現数の多い上位 10 位の終助詞について、図 7.18 の右側のように表を作
成し、その使用率をまとめる。終助詞の総数がある行（ここでは 32 行目）
を確認し、セル H5 に「=B5/B\$32」と、セル I5 に「=C5/C\$32」と、それ

表 7.4　発話末尾に現れた終助詞
の頻度表（SSC）

個数／キー	列ラベル		
行ラベル	女性	男性	総計
ね	4,586	5,570	10,156
よ	1,267	2,472	3,739
か	494	1,595	2,089
な	84	1,260	1,344
の	735	552	1,287
さ	184	471	655
わ	212	28	240
もん	43	124	167
かしら	137	27	164
もの	35	24	59
っけ	22	31	53
い	3	50	53
じゃん	11	28	39

	A	B	C	D	E	F	G	H	I	J
3	個数 / キー	列ラベル								
4	行ラベル	女性	男性	総計				女性	男性	
5	ね	4586	5570	10156			ね	58.6%	=C5/C\$32	
6	よ	1267	2472	3739			よ			
7	か	494	1595	2089			か			
8	な	84	1260	1344			な			
9	の	735	552	1287			の			
10	さ	184	471	655			さ			
11	わ	212	28	240			わ			
12	もん	43	124	167			もん			
13	かしら	137	27	164			かしら			
14	もの	35	24	59			もの			
15	っけ	22	31	53						

図 7.18　終助詞の比率の計算

第 7 章　話し言葉の経年変化　　　*143*

	SSC			CEJC	
	女性	男性		女性	男性
ね	58.6%	45.2%	ね	44.2%	35.0%
よ	16.2%	20.1%	よ	15.5%	20.0%
か	6.3%	13.0%	の	12.6%	10.7%
な	1.1%	10.2%	か	8.4%	9.9%
の	9.4%	4.5%	な	6.9%	10.5%
さ	2.4%	3.8%	じゃん	3.7%	3.9%
わ	2.7%	0.2%	さ	3.2%	3.4%
もん	0.5%	1.0%	っけ	1.9%	2.0%
かしら	1.8%	0.2%	もん	1.3%	1.5%
もの	0.4%	0.2%	わ	1.0%	1.0%

図 7.19　発話末尾に現れた終助詞の分布（SSC と CEJC）

ぞれ入力する（$ は絶対参照を表す）。

④　H5 と I5 を選択し、右下にある小さな■をダブルクリックして、数式を全ての行にコピーする。これで、SSC で発話末尾に現れる終助詞の出現比率の表（男女別）ができた。

⑤　同様に CEJC から発話末尾に現れる終助詞の例を検索・ダウンロードし、"CEJC_SFP.xlsx" として保存する。上記と同様の手続きで、終助詞の出現比率の表（男女別）を作成する。

⑥　SSC と CEJC から作成した終助詞の出現比率の表を別のシートにコピーして並べる（図 7.19）。これで、発話末尾に現れた終助詞を SSC と CEJC で比較するための表（男女別）ができた。

■ データ作成の手順 2：発話末尾で終助詞が連続する場合

　次に、「よ ね」「か な」など、発話末尾に終助詞が連続して現れる場合を、SSC と CEJC から検索してみよう。

①　中納言で SSC にアクセスし、短単位検索からキーに「品詞」の「中分類」が「助詞-終助詞」と指定する。その際、キーに「節単位末から」「1 語」という条件を付しておく。

②　前方共起 1（キーから 1 語）に「品詞」の「中分類」が「助詞-終助詞」と

図 7.20 終助詞の連続で終わる発話の検索条件

指定する。その際、「キーと結合して表示」にチェックを入れておく（図7.20）。「検索結果をダウンロード」を押して CSV ファイルをダウンロードし、"SSC_SFP2.xlsx" として保存する。

③ メニュー「挿入」→「ピボットテーブル」からピボットテーブルを作成する。「行」に「キー」を、「列」に「性別」を配置し、「総計」列の数値を右クリック→「並べ替え」→「降順」と選択して、頻度表を作成する。

④ 出現数の多い上位 10 位の終助詞について、別に表を作成し、その出現比率をまとめる（**データ作成の手順 1** の③以降を参照のこと）。

⑤ 同様に CEJC から発話末尾に終助詞が連続する例を検索し、"CEJC_SFP2.xlsx" として保存する。上記と同様の手続きで、終助詞の出現比率の表（男女別）を作成する。

⑥ SSC と CEJC から作成した終助詞の出現比率の表を並べる（図7.21）。これで、発話末尾に現れた連続する終助詞を SSC と CEJC で比較するための表（男女別）ができた。

	A	B	C	D	E	F
1		SSC			CEJC	
2		女性	男性		女性	男性
3	よ｜ね	31.7%	31.6%	よ｜ね	62.5%	54.5%
4	わ｜ね	35.8%	1.9%	か｜な	19.4%	18.8%
5	か｜な	3.4%	21.5%	もん｜ね	6.8%	5.7%
6	わ｜よ	15.0%	0.1%	か｜ね	3.2%	5.6%
7	もん｜ね	5.8%	8.7%	よ｜な	1.1%	7.5%
8	よ｜な	0.1%	14.3%	っけ｜な	0.9%	1.1%
9	か｜ね	3.5%	8.9%	わ｜ね	1.3%	0.2%
10	もん｜な	0.0%	3.7%	もん｜な	0.4%	1.4%
11	もの｜ね	1.6%	0.6%	な｜よ	0.5%	0.8%
12	か｜い	0.2%	1.9%	わ｜よ	0.9%	0.1%

図 7.21 発話末尾に現れた連続する終助詞の分布
（SSC と CEJC）

■ 考　察

　ここまでの手順で作成した表をもとに、発話末尾に現れる終助詞の経年変化について検討していこう。

　まずは、図 7.19 に示した発話末尾の終助詞（1 語）の分布について見る。SSCと CEJC を比較して、その差が顕著に開いているところをチェックしていってみよう。まず 1 位の「ね」について SSC と CEJC を比較すると、女性が 58.6 %→ 44.2 %、男性が 45.2 % → 35.0 %と、10 %以上も減少している。これに対して「の」は女性が 9.4 % → 12.6 %、男性が 4.5 % → 10.7 %と増加しており、さらに「な」は女性のみ 1.1 % → 6.9 %と増加している。また、「わ」については、SSCでは女性が 2.7 %、男性が 0.2 %だった比率が、CEJC では両者とも 1.0 %となっており、性差が消失している。これらの動きは、65 年間の時代の経過によって、男女間で使われる終助詞の傾向が変わってきた結果と言えるだろう。

　また、「かしら」は女性で 1.8 % → 0.2 %と減少している。ここで、それぞれの Excel ファイルに記録されている話者の年齢の情報を使って、どれくらいの年齢の話者が「かしら」を使っているのか、SSC と CEJC を比較してみよう。「かしら」を使用した話者の年齢の分布をグラフ化すると、図 7.22 のようになる（縦軸は頻度を表す）。

　「かしら」の話者年齢が、SSC では若年層、CEJC では高齢層に明らかに偏っていることが分かる。ここから推測できるのは、1950〜1960 年代に「かしら」を使用していた当時の若年層の女性が、高齢層になった現代でもなお「かしら」

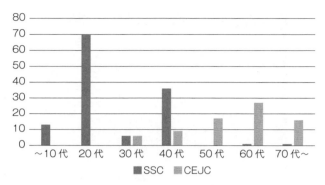

図 7.22 「かしら」の話者年齢の分布（SSC・CEJC、女性）

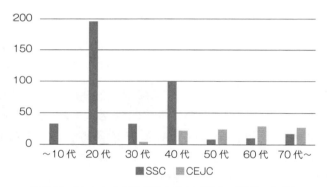

図 7.23 「わね」の話者年齢の分布（SSC・CEJC、女性）

を使用している一方、現代の若年層は「かしら」をほとんど使わなくなった、ということである。このような、世代が移ることに連動した言葉の動きは、収録時期の異なる複数の話し言葉コーパスを比較することによって初めて明らかになるものであると言える。

次に、図 7.21 に示した発話末尾で終助詞が連続している場合について見る。SSC と CEJC を比較すると、「よね」が女性で 31.7% → 62.5%、男性で 31.6% → 54.5% と大幅に増加している一方、女性の「わね」が 35.8% → 1.3%、「わよ」が 15.0% → 0.9% と激減しており、連続して使用される終助詞のパターンが大きく変化したことがうかがえる。女性が使用した「わね」「わよ」について、話者の年齢の分布をグラフ化すると、図 7.23、図 7.24 のようになる。

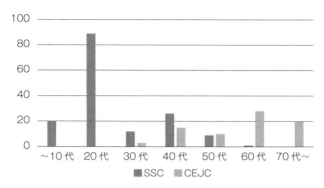

図 7.24 「わよ」の話者年齢の分布（SSC・CEJC、女性）

先の「かしら」と同様、「わね」「わよ」の使用も、SSC では若年層、CEJC では高齢層に明らかに偏っていることが分かる。これらの例もまた、かつての若年層による言語の使用パターンが、時代の経過を経て、現代では高齢層の中で観察されるようになった例の一つと言えるだろう。

また、「かな」については、SSC では女性が 3.4％、男性が 21.5％だった比率が、CEJC ではそれぞれ 19.4％、18.8％となっており、性差がほぼ消失している。先の「わ」と同様、男女間で使われる終助詞の傾向が変化した（終助詞の使用傾向について性差がなくなった）結果と見てよいだろう。

解説 2　経年変化の研究に必要なデータ

言語の経年変化を明らかにするには、どのような種類のコーパスが必要だろうか。言葉の歴史的な変化の過程を追おうとする以上、各時代における言語の状態を観察するためのコーパスを複数準備し、時代を経るごとに言語がどのように変化してきたかを客観的に分析していくことが必要となる。

先述の通り、CHJ は、そのような要請に応えるためのものとして、現在も構築が進められているコーパスである。奈良時代から明治・大正・昭和期までの代表的な言語資料（書き言葉）が時代ごとのモジュールとして構成されており、日本語の歴史を研究するための「通時コーパス」としての運用が可能になっている（近藤ほか、2015）。CHJ が公開されて以降、日本語の歴史的研究は飛躍的な進展を見せており（田中ほか、2021；青木ほか、2022；岡部ほか、2023 な

ど）、今後も CHJ に基づく研究の展開が期待される。

　一方、話し言葉の経年変化を明らかにするには、どのようなコーパスが必要
だろうか。特に「書かれた話し言葉」ではなく、実際に発話された話し言葉を
分析対象とする場合、利用できるコーパスはごく一部のものに限られるのが現
状である。これは、過去の録音資料を収録したコーパスが現時点では SSC にほ
ぼ限られるという事情がある。SSC は、国立国語研究所において 1952～1974 年
の間に作成された録音資料（会話・独話）を再編して構築された話し言葉コー
パスである（丸山ほか、2022）。SSC は 17 時間分の独話と 27 時間分の会話か
ら構成されており、特に会話の部分は、当時の市井の人々の日常会話が複数の
条件（収録地区・場所、話し手の性別・年齢など）によってサンプリングされ
ている点に特徴がある。この SSC の会話の部分を CEJC と連結して利用するこ
とにより、上記で示したように、会話の通時コーパスとして運用することが可
能である。また、SSC の独話の部分は学術講演が大半を占めるため、現代の学
術講演を収録した『日本語話し言葉コーパス』（CSJ）の「学会講演」と連結す
ることにより、独話の通時コーパスとしての運用が可能である。

　さらに古い時代の録音資料として、大正期から昭和戦前期における SP レコー
ドに記録された演説・講演を中心とする貴重な音源資料群「岡田コレクション」
があり、その書き起こしを利用した研究も存在するが（相澤・金澤、2016）、残
念ながら、一般に利用可能なコーパスとして整備されているわけではない。過
去に録音された音源資料をさらに掘り起こしてコーパス化し、話し言葉の経年
変化をさらに詳細に検討していくための基盤整備を進めていくことは、今後の
課題である。

演 習 2　　フィラーの経年変化を調べてみよう。

　次に挙げるのは、SSC、CEJC、CSJ から採集した、フィラーを含む発話の例
である。(22) は SSC の会話、(23) は CEJC、(24) は SSC の独話、(25) は
CSJ の「学会講演」から、それぞれ引用した。

(22)　あれは あのね フィリピンのマニラだね マニラ出る二日目だよ。

(23)　なんか茹で上がった時 あのね 結構あの何エビの香り

(24)　えー 我々の おー 調査 あー も えー 開きますと 実は三つに いー なります。

(25)　えー ここで えー 尤度計算に用いる混合分布の おー 作成のし方を説明します

　「えー」や「あのー」に代表されるフィラーの使われ方には、時代による経年変化が観察されるだろうか。過去の話し言葉と、現代の話し言葉では、使われるフィラーの種類や数量的な分布は異なっているだろうか。そこに性差はあるだろうか。

- 出現するフィラーの種類と数
- 連続して出現するフィラーの種類と数
- 「あのさ」「えっとね」のように終助詞が後続するフィラーの種類と数

などについて、SSC、CEJC、CSJ を検索し、結果を集計した上で、「話し言葉の経年変化」という観点から分析してみよう（丸山、2024）。

参 考 文 献

相澤正夫・金澤裕之（編）（2016）『SP 盤演説レコードがひらく日本語研究』、笠間書院

青木博史・岡崎友子・小木曽智信（編）（2022）『コーパスによる日本語史研究　中古・中世編』、ひつじ書房

遠藤織枝（2008）「戦時中の日本語の実際―形容詞・形容動詞・副詞を中心に―」、文教大学『文学部紀要』**22**(1)、39-67

岡部嘉幸・橋本行洋・小木曽智信（編）（2023）『コーパスによる日本語史研究　近世編』、ひつじ書房

小矢野哲夫（2016）「国会会議録を用いた日本語の研究」、『神戸学院大学グローバル・コミュニケーション学会紀要』**1**、55-70

近藤泰弘・田中牧郎・小木曽智信（編）（2015）『コーパスと日本語史研究』、ひつじ書房

田中牧郎・橋本行洋・小木曽智信（編）（2021）『コーパスによる日本語史研究　近代編』、ひつじ書房

服部匡（2009）「「〜シテイル」と「〜シテオル」―戦後の国会会議録における使用傾

向調査―」、『計量国語学』**27**(1)、1-17

服部匡（2011）「話者の出生年代と発話時期に基づく言語変化の研究―国会会議録を利用して―」、『計量国語学』**28**(2)、47-62

服部匡（2018）「「〜テございます」の使用傾向の推移―「〜テある」「〜テいる」との対応関係に注目して―」、藤田保幸・山崎誠（編）『形式語研究の現在』、和泉書院、357-376

服部匡（2019）「一語からはじめる国会会議録のことばの研究」、『日本語学』**38**(4)、44-54

松田謙次郎（2004）「言語資料としての国会会議録検索システム」*Theoretical and Applied Linguistics at Kobe Shoin*, **7**, 55-82

松田謙次郎（編）（2008）『国会会議録を使った日本語研究』、ひつじ書房

松田謙次郎（2012）「国会会議録をつかう」、日比谷潤子（編著）『はじめて学ぶ社会言語学―ことばのバリエーションを考える 14 章―』、ミネルヴァ書房、54-79

松田謙次郎（2021）「国会集団語の誕生と発展過程に見る逸脱現象」、金澤裕之・川端元子・森篤嗣（編）『日本語の乱れか変化か―これまでの日本語、これからの日本語―』、ひつじ書房、219-235

丸山岳彦（2024）「「通時音声コーパス」とフィラーの経年変化」、定延利之・丸山岳彦・遠藤智子・舩橋瑞貴・林良子・モクタリ明子（編）『流暢性と非流暢性』、ひつじ書房、85-104

丸山岳彦・小磯花絵・西川賢哉（2022）「『昭和話し言葉コーパス』の設計と構築」、『国立国語研究所論集』**22**、197-221

茂木俊伸（2012）「国会会議録を使ったことばの分析」、『日本語学』**31**(4)、52-63

森勇太（2015）「国会会議録に見る前置き表現の変化」、『論叢 国語教育学』**11**、91-100

森勇太（2018）「国会会議録における質問終了場面の敬語」、藤田保幸・山崎誠（編）『形式語研究の現在』、和泉書院、377-394

山口昌也（2017）「国会会議録における言語表現の時間的変化の予備的分析」、『言語資源活用ワークショップ 2017』pp. 304-312

山口昌也（2019）「国会会議録における言語表現の出現頻度に関する時間的変化モデルの検証」、『言語資源活用ワークショップ 2019』pp. 321-329

山口昌也（2022）「全文検索システム『ひまわり』用『国会会議録』パッケージの構築」、『国立国語研究所論集』**22**、177-195

付録 1
日本語コーパスの開発史と現状

丸山岳彦

　ここでは、日本語コーパスをめぐる開発史と現状について解説する。まず、1950 年代以降、日本語コーパスが開発されてきた歴史について概観した後、あるコーパスを利用する際に知っておくべき情報をまとめた上で、現在利用できる代表的な日本語コーパスを目録形式で紹介していく。

1. 日本語コーパスの開発史

　はじめに、日本語コーパスの開発史について概略をまとめておく。
　日本語コーパス開発の歴史は、1950 年代にまで遡ることができる。1948 年に設立された国立国語研究所では、1950 年代の初頭から継続的に「語彙調査」を実施してきた。調査対象資料は当時発行されていた新聞・雑誌で、紙面から大量の用例が集められ、紙カードに書き留められていた。現代の視点から見れば、紙カードの上に記録された「書き言葉コーパス」であったと言ってよい。報告書『現代雑誌九十種の用語用字』(1960～1964 年) では、多様なジャンルに属する 90 種の雑誌から約 44 万語分の用例が収集され、そこに含まれる語・文字を網羅的に調査した結果が示されている。厳密な手続きによるサンプリング、活用形の違いや表記のゆれを考慮した語の集計処理など、現代のコーパス研究で採用されている分析手法の原点を見て取ることができる。また、1950 年代の半ば以降、話し言葉研究のための資料として、携行型の録音機によってさまざまな場面における日常会話や独話の音声が録音された。報告書『談話語の実態』(1955 年) では、約 29 時間分の対話、約 9.5 時間分の独話が収集され、そこに見られる表現意図、構文、イントネーションなどを整理して「総合文型」が記述されている。発話の内容は全て紙カードの上に転記され、そこに語境界、文節境界、アクセントやイントネーションの型などが記録された。紙カードの上に「話し言葉コーパス」が構築され、そこに言語研究用の情報がアノテーションされていたと言える。
　これらの研究は、世界的に見ても極めて早い時期に実施された、現代のコーパス言

語学的な研究の嚆矢として位置付けられる。当時はコンピュータが導入されていなかったため（国立国語研究所に電子計算機が導入されるのは 1960 年代後半である）、記録媒体は紙カードであった（これは、イギリスの University College London で 1959 年に開始された The Survey of English Usage 計画でも同様である）。また、分析のために集められた言語資料は、研究報告書が出版された後、文字通り「お蔵入り」の状態となり、その資料を学界内で共有・再利用しようとする機運は、ほぼ皆無であった。現代のコーパスは一般に公開され、分析の再現可能性が担保されることを前提とするが、当時はこの点の認識が大きく違っていたと言える。

　1990 年代に入ると、コンピュータの廉価と普及に伴い、世界各地で各国語のコーパスが構築されるようになる。コーパス言語学が進んでいたイギリスでは、1 億語の BNC（British National Corpus）をはじめ、大規模なコーパスの構築が進められ、辞書編纂や言語教育に活用されるようになった。一方、日本では、1990 年代の初頭から「新聞記事データベース」や「CD-ROM 版 新潮文庫の 100 冊」などに含まれる市販のテキストデータを使った定量的な分析が一部の研究者の間で試行されているに過ぎない状態であった。

　1998 年、現代日本語研究会による『女性のことば・職場編』（1998 年、ひつじ書房）が出版される。これは、女性 19 名の職場における自然談話を録音し（録音は 1993 年）、その内容を分析した研究論文集であるが、特筆すべきは、録音内容を書き起こしたテキストデータが、付属資料としてフロッピーディスクで同梱されたことであった。研究用に集められた言語資料が一般に公開（販売）されたという点で、画期的であったと言える。

　さらに、日本語学習者の OPI（oral proficiency interview）の発話データを集めた『KY コーパス』が作成された（1996〜1998 年）。日本語学習者とテスターによる 30 分の対話が 90 人分収録されており、学習者の母語（英語、韓国語、中国語）とレベル（初級 5 名、中級 10 名、上級 10 名、超級 5 名）が統制された設計となっている。現代における日本語学習者コーパスの先駆的な例として位置付けられる。

　そして、1999 年、国立国語研究所、通信総合研究所、東京工業大学の連携により、『日本語話し言葉コーパス』（CSJ）の構築が始まる。これは主に自発的な（朗読した音声ではない）独話を集めた音声コーパスで、約 661 時間・752 万語分というサイズを持つ、日本で初となる大規模コーパスであった。2004 年に完成・一般公開されると、自発的な話し言葉のデータとして、言語研究、音声工学研究など幅広い分野で利用されるようになった。

　さらに 2006 年、国立国語研究所において『現代日本語書き言葉均衡コーパス』（BCCWJ）の開発が始まる。これは、現代日本語の書き言葉を幅広いジャンルからバランスよく収集した、日本では初となる均衡コーパス（バランストコーパス）である。

収録語数は約1億語であり、その一部には統計的に緻密なサンプリングが施されている。2011年に一般公開されて以降、日本語学だけでなく日本語教育や自然言語処理など、幅広い分野で利用され続けている。

CSJとBCCWJを皮切りとして、2010年代以降、国立国語研究所の中で多様な日本語コーパスの組織的な構築・一般公開が相次ぐようになる。ウェブ上の検索アプリケーション「中納言」では、2024年現在、以下に挙げる12種類のコーパスが公開されており、これらは事実上、日本におけるコーパス言語学の研究基盤（インフラストラクチャ）として機能していると言える。

- 『現代日本語書き言葉均衡コーパス』（BCCWJ）
- 『日本語話し言葉コーパス』（CSJ）
- 『日本語日常会話コーパス』（CEJC）
- 『昭和話し言葉コーパス』（SSC）
- 『明大会話コーパス』（NUCC）
- 『現日研・職場談話コーパス』（CWPC）
- 『日本語歴史コーパス』（CHJ）
- 『昭和・平成書き言葉コーパス』（SHC）
- 『日本語諸方言コーパス』（COJADS）
- 『中国語・韓国語母語の日本語学習者縦断発話コーパス』（C-JAS）
- 『多言語母語の日本語学習者横断コーパス』（I-JAS）
- 『北京日本語学習者縦断コーパス』（B-JAS）

また、国立国語研究所以外でも、個人の研究者が日本語コーパスを構築して公開するケースも多く見られるようになってきている。近年では、『日本語話題別会話コーパス』（J-TOCC、2020年、中俣尚己氏）、『小中高大生による日本語絵描写ストーリーライティングコーパス』（JASWRIC、2023年、石川慎一郎氏）などがその例である。さらに情報工学の分野では、ここ数年で登場した生成系AIのための学習用データとして、ウェブから構築した数千億語サイズの超大規模コーパスが利用されている。現在では多様な日本語コーパスが各研究分野で林立する状態になっており、この傾向は今後もしばらく続くと思われる。

2. コーパスを利用する際に前提となる情報

次に、あるコーパスを利用する際に知っておくべき情報をまとめておく。

コーパスを使って言語の研究を行う場合、そのコーパスの内容・構成・特徴について、事前によく調べておくことが重要である。コーパスの検索結果を分析する際、これらの情報を踏まえておかないと、その結果が日本語のどのような側面をどのように

特徴付けるものなのか、見当のつけようがないからである。

あるコーパスを利用しようとする場合、前もって以下のような項目をチェックしておくとよい。

- **a. 構築者・公開時期**：誰が構築したコーパスか、いつ公開されたコーパスか
- **b. 構築方法**：どのような設計方針・方法で構築されたか
- **c. サイズ**：どれだけの文字数・語数・時間数が収録されているか
- **d. 内部構成**：どのようなメディア・ジャンル・タイプの言葉がどれくらいの比率で収録されているか
- **e. 収録時期**：いつ書かれた（話された）言葉が収録されているか
- **f. 書き手・話し手の属性**：どのような書き手・話し手が産出した言葉が収録されているか
- **g. アノテーション**：どのような研究用情報が付与されているか
- **h. 検索方法**：どのような方法で検索できるか
- **i. 参照 URL・参考文献**：どのようにマニュアルを参照できるか

一般公開されているコーパスには、通常、マニュアルやドキュメント類が公開されている。それらの文書を熟読し、上記の点を確認しておくことが望ましい。

3. 日本語コーパスの現状

以下では、上記のチェック項目に基づき、現在利用できる代表的な日本語コーパスについて、目録形式で紹介していくことにする。なお、以下で示すのは 2024 年 4 月時点での情報である。実際にコーパスを利用する際には、各コーパスに付随しているマニュアルや語数表、語彙表などを参照し、利用者の責任において最新の情報を入手してほしい。

『現代日本語書き言葉均衡コーパス』（BCCWJ: Balanced Corpus of Contemporary Written Japanese）

概　要：　現代日本語の書き言葉をバランスよく収録した均衡コーパス。収録語数は約 1 億語。書籍、雑誌、新聞、白書、教科書、広報紙、Yahoo! 知恵袋、Yahoo! ブログ、韻文、法律、国会会議録など、多様なジャンルの書き言葉を収録する。「出版サブコーパス」「図書館サブコーパス」「特定目的サブコーパス」という、性質の異なる 3 種のサブコーパスから構成されている。

a. 構築者・公開時期：　文科省科学研究費補助金特定領域研究「代表性を有する大規模日本語書き言葉コーパスの構築：21 世紀の日本語研究の基盤整備」（2006～2010 年度）、および国立国語研究所のコーパス整備計画「KOTONOHA 計画」の一部

として構築された。2006〜2010 年度の構築期間、モニター公開を経て、2011 年に完成・公開。

b. 構築方法： 『『現代日本語書き言葉均衡コーパス』利用の手引 第 1.1 版』（以下、『利用の手引』）には、「現代日本語書き言葉のできるだけ多くの変種をとりあげ、日本語の全体像を明らかにするための偏りのないサンプルを提供することを目標とした設計」と記されている（pp. 1-2）。また、以下の 4 点が基本方針としてまとめられている（pp. 20-21）。

1) 現代日本語の縮図となるコーパス
2) 汎用的な目的に供するコーパス
3) 公開可能なコーパス
4) 既存のコーパスとの調和

BCCWJ を構成する「出版サブコーパス」「図書館サブコーパス」については、書籍、雑誌、新聞の総文字数を母集団として、厳密なランダムサンプリングが施されている。また、ランダムに指定された文字から 1000 文字の範囲を抽出した「固定長サンプル」と、その文字を含む章や節などの構造（1 万字以内）を抽出した「可変長サンプル」という 2 種類のサンプリング方法を採用することにより、「統計的に厳密なサンプル」および「文脈を考慮した範囲のサンプル」の両方を提供している。

c. サイズ： 約 1 億 480 万語（語数の集計は「短単位」による。以下同）。

d. 内部構成： 性質の異なる 3 種類の「サブコーパス」によって構成されている。以下、『利用の手引』第 3 章より抜粋する。

- 出版サブコーパス：約 3500 万語、書籍・雑誌・新聞
  書き言葉の出版・生産という側面に着目するサブコーパス。2001 年から 2005 年の間に国内で出版されたすべての書籍・雑誌・新聞に含まれる文字の総体を母集団として、ランダムサンプリングによって得た約 3500 万語分のデータを収める。書き言葉が実際に出版された結果を、文字数という量的側面から忠実に反映することで、5 年間における書き言葉の出版に関するありさまを捉えることを目的とする。
- 図書館サブコーパス：約 3000 万語、書籍
  書き言葉の流通・流布の実態という側面に着目するサブコーパス。東京都内の公立図書館に所蔵されている書籍（ただし 1986 年から 2005 年の 20 年間に出版されたもの）を対象として、ランダムサンプリングによって得た約 3000 万語分のデータを収める。書き言葉（書籍）が世の中に流通している状態を公立図書館の所蔵状況によって近似的に把握し、世の中に広く行き渡っている書き言葉のありさまを捉えることを目的とする。

- 特定目的サブコーパス：約 4000 万語、白書・教科書・広報紙・ベストセラー・
  Yahoo! 知恵袋・Yahoo! ブログ・法律・韻文・国会会議録
  生産・流通という側面からは捉えきれない、あるいは、出版サブコーパス・図書
  館サブコーパスの母集団には入らないけれども、書き言葉の研究を遂行する上で
  必要と思われる種類の書き言葉を収めるサブコーパス。約 4000 万語分のデータ
  を収める。

各メディアの収録語数を、収録時期（出版期間）とともに、表1に示す（記号など
を除外した短単位数で示す）。

e. 収録時期： メディアによって収録時期（出版期間）が異なる。

f. 書き手・話し手の属性： 書籍、雑誌、新聞、白書などの刊行物は、基本的に
は、プロの書き手（作家、学者、記者、ライターなど）が書いた文章が、校閲を経た
上で出版されていると考えられる。一方、Yahoo! 知恵袋・Yahoo! ブログは、一般ユー
ザーが直接書き込んだテキストが収録されているため、「プロではない一般人が書い
たテキスト」として位置付けられる。国会会議録は、「発言録」という書き言葉の一
種として収録されており、元の話し言葉がテキストに書き起こされている点で、他の
メディアとは書き言葉としての性質が異なる。

g. アノテーション： BCCWJ の公開時に提供されたアノテーションは、主に以
下の3つである。

- **形態論情報：** 本文テキストを形態素解析した結果が提供されている。形態素解

表1 BCCWJ を構成するサブコーパス・メディアの一覧

サブコーパス	メディア	出版期間	収録語数
出版 SC	書籍	2001〜2005 年	約 2855 万語
	雑誌	2001〜2005 年	約 444 万語
	新聞	2001〜2005 年	約 137 万語
図書館 SC	書籍	1986〜2005 年	約 3038 万語
特定目的 SC	白書	1976〜2005 年	約 488 万語
	教科書	2005〜2007 年	約 93 万語
	広報紙	2008 年	約 376 万語
	ベストセラー	1976〜2005 年	約 374 万語
	Yahoo! 知恵袋	2005 年	約 1026 万語
	Yahoo! ブログ	2008 年	約 1019 万語
	法律	1976〜2005 年	約 108 万語
	韻文	1980〜2005 年	約 23 万語
	国会会議録	1976〜2005 年	約 510 万語

付録1　日本語コーパスの開発史と現状　　*157*

析は、形態素解析用辞書「現代書き言葉 UniDic」の体系に基づき、「短単位」「長単位」という2種類の形態論情報が付与されている（短単位では「国立｜国語｜研究｜所｜と｜し｜て」、長単位では「国立国語研究所｜として」という単位境界となる）。なお、UniDic の体系に基づく形態論情報は、CSJ、CEJC、CHJ など他のコーパスとも共通しているため、各コーパスの接続・比較が可能となっている。

　●文書構造情報：　元の印刷紙面にあったタイトル、図表、引用、注記、ルビ、改行などの文書構造情報をタグでテキストに埋め込んだ結果が、XML 文書として保存されている。

　●メタデータ：　そのテキストの出典となる書誌情報（書名、出版社、著者、出版年など）、サンプル情報（サンプル抽出ページ、サンプル抽出基準点など）、著者情報（氏名、性別、生年など）などの情報が提供されている。

　また、BCCWJ の公開後に追加されたアノテーションが多数存在する。係り受け情報、述語項構造情報、節境界情報、話者情報、分類語彙表番号、読み時間などがその例である。いずれも「中納言」の「BCCWJ 関連データ」から入手することができる。

　h.　検索方法：　ウェブ上の検索アプリケーション「少納言」「中納言」で検索できる。「少納言」はテキスト検索のみで、無償で利用できる。結果の表示は最大500件。ダウンロード不可。一方、「中納言」は形態論情報を利用した検索が可能。結果をダウンロードすることもできる。無償で利用できるが、登録が必要。また、公開時の全てのデータを同梱した BCCWJ-DVD 版を有償で入手することも可能である。

　i.　参照 URL・参考文献
　1.　BCCWJ ウェブサイト：https://clrd.ninjal.ac.jp/bccwj/
　2.　少納言：https://shonagon.ninjal.ac.jp/
　3.　中納言：https://chunagon.ninjal.ac.jp/
　4.　国立国語研究所（2015）『『現代日本語書き言葉均衡コーパス』利用の手引』第1.1版　https://doi.org/10.15084/00003228
　5.　前川喜久雄（編）(2013)『コーパス入門』（講座 日本語コーパス1）、朝倉書店
　6.　山崎誠（編）(2014)『書き言葉コーパス 設計と構築』（講座 日本語コーパス2）、朝倉書店

　上記の文献のほか、多数のドキュメント（国立国語研究所内部報告書）が BCCWJ ウェブサイト上で公開されている。

『日本語歴史コーパス』（CHJ: Corpus of Historical Japanese）

　概　要：　奈良時代から明治・大正時代、昭和初期まで、日本語の歴史を研究するための基礎資料として開発されているコーパス。「奈良時代編」「平安時代編」「鎌倉時代編」「室町時代編」「江戸時代編」「明治・大正編」という、時代ごとのモジュー

ル構成となっており、これ以外に「和歌集編」がある。これらを組み合わせることで、言語変化を知るための「通時コーパス」としての利用が可能になっている。現在も開発継続中であり、総語数は 2000 万語を超えている。時代ごとに最適化された異なる UniDic によって、各時代のテキストに形態論情報が付与されている。

a. 構築者・公開時期： 国立国語研究所共同研究プロジェクト「通時コーパスの設計」（2009～2016 年）、「通時コーパスの構築と日本語史研究の新展開」（2016～2022 年）、「開かれた共同構築環境による通時コーパスの拡張」（2022 年～）、JSPS 科研費 JP15 H01883「日本語歴史コーパスの多層的拡張による精密化とその活用」（2015～2019 年）などにより、国立国語研究所において継続的に構築されている。2013 年に公開開始、現在も開発継続中。

b. 構築方法： 各時代における主要な日本語史資料を選定してコーパス化し、日本語の歴史をたどるための「通時コーパス」として運用できることを方針とする。

c. サイズ： 全体で 2000 万語超。現在も開発継続中。

d. 内部構成： 以下のように、時代別の構成になっている。
- 奈良時代編：約 13 万語（I 万葉集／II 宣命／III 祝詞）
- 平安時代編：約 102 万語（I 仮名文学／II 訓点資料）
- 鎌倉時代編：約 130 万語（I 説話・随筆／II 日記・紀行／III 軍記）
- 室町時代編：約 42 万語（I 狂言／II キリシタン資料）
- 江戸時代編：約 101 万語（I 洒落本／II 人情本／III 近松浄瑠璃／IV 随筆・紀行）
- 明治・大正編：約 1663 万語（I 雑誌／II 教科書／III 明治初期口語資料／IV 近代小説／V 新聞／VI 落語 SP 盤）
- 和歌集編：約 27 万語

e. 収録時期： 奈良時代～明治・大正時代、一部は昭和初期。実際に書かれた時期は、資料によって異なる。

f. 書き手・話し手の属性： 資料の性質上、書き手が特定されているテキストと、書き手が不明のテキストがある。

g. アノテーション： 以下の情報がアノテーションされている。
- 形態論情報： 各時代・各資料の特性に合わせて開発された複数の解析用辞書 "UniDic" により、各時代の言語資料に即した形態論情報が付与されている（UniDic は、「上代語」「中古和文」「和歌」「中世文語」「中世口語」「近世文語」「近世上方口語」「近世江戸口語」「近代文語」「旧仮名口語」「近代口語小説」と、時代ごとに異なる解析用辞書が開発・公開されている）。
- メタデータ： そのテキストの出典となる書誌情報（ジャンル、作品名、成立年、巻名等、作者、生年、性別、底本、ページ番号、出版社など）が付与されている。

付録1　日本語コーパスの開発史と現状　　*159*

h.　検索方法：　ウェブ上の検索アプリケーション「中納言」で検索できる。メタデータとして書誌情報が付与されており、テキスト入力に用いた底本の情報や、資料によっては底本の画像へのリンクが提供されることもある。

i.　参照 URL・参考文献

1. CHJ ウェブサイト：https://clrd.ninjal.ac.jp/chj/
2. 近藤泰弘・田中牧郎・小木曽智信（編）（2015）『コーパスと日本語史研究』、ひつじ書房
3. 田中牧郎・橋本行洋・小木曽智信（編）（2021）『コーパスによる日本語史研究 近代編』、ひつじ書房
4. 青木博史・岡崎友子・小木曽智信（編）（2022）『コーパスによる日本語史研究 中古・中世編』、ひつじ書房
5. 岡部嘉幸・橋本行洋・小木曽智信（編）（2023）『コーパスによる日本語史研究 近世編』、ひつじ書房

『昭和・平成書き言葉コーパス』（SHC: Showa-Heisei Corpus of written Japanese）

概　要：　明治・大正期までの日本語史資料を収録した CHJ と、1976 年以降の書き言葉を収録した BCCWJ、その両者の間にある空白期間を埋め、さらに BCCWJ がカバーする 2008 年以降の書き言葉も補うことにより、明治から現代にかけて起きた日本語の変化を実証的に研究するための書き言葉コーパスとして開発された。収録されているメディアは雑誌、ベストセラー書籍、新聞。1933〜2013 年の間を 8 年おきに 11 か年分サンプリングし、合計約 3340 万語を収録している。

a.　構築者・公開時期：　JSPS 科研費 19H00531「昭和・平成書き言葉コーパスによる近現代日本語の実証的研究」（2019〜2022 年）、および国立国語研究所共同研究プロジェクト「開かれた共同構築環境による通時コーパスの拡張」（2022 年〜）において構築された。2023 年に完成・公開。

b.　構築方法：　CHJ と BCCWJ の間にある空白期間を埋め、さらに BCCWJ がカバーしている期間以降も補うことにより、明治から現代にかけて起きた日本語の変化を実証的に研究するための書き言葉コーパスとして設計・構築された。(1) 広く読まれて社会的な影響が大きい、(2) 明治から平成まで継続的に刊行されてきた、(3)『日本語歴史コーパス 明治・大正編』や BCCWJ に収録されておりコーパスを接続可能である、という観点から、雑誌、書籍、新聞の 3 種類が収録対象となっている。

c.　サイズ：　約 3340 万語。

d.　内部構成：　収録語数の内訳は、以下の通り。

- 雑誌：約 2740 万語

- ベストセラー書籍：約 345 万語
- 新聞：約 256 万語

e. 収録時期： 1933〜2013 年の期間について、8 年おきに 11 年分のテキストが収録されている。

f. 書き手・話し手の属性： 資料の性質上、書き手が特定されているテキストと、書き手が不明のテキストがある。

g. アノテーション： 以下の情報がアノテーションされている。

- **形態論情報：** 形態素解析用辞書「現代語書き言葉 UniDic」および「旧仮名口語 UniDic」により、「短単位」の形態論情報が付与されている。

- **文書構造情報：** 元の印刷紙面にあった会話・引用、文、踊字、ページ内開始位置、ルビなどの文書構造情報がタグでテキストに埋め込まれ、XML 文書として保存されている（ただし XML 文書自体は非公開）。

- **メタデータ：** そのテキストの出典となる書誌情報（ジャンル、作品名、成立年、巻名等、作者、生年、性別、底本、ページ番号、出版社など）が付与されている。

h. 検索方法： ウェブ上の検索アプリケーション「中納言」で検索できる。

i. 参照 URL・参考文献

1. SHC ウェブサイト：https://clrd.ninjal.ac.jp/shc/
2. 小木曽智信・近藤明日子・髙橋雄太・間淵洋子（編）（2024）「『昭和・平成書き言葉コーパス』の設計・構築・公開」、『情報処理学会誌』**65**(2)、278-291

『日本語話し言葉コーパス』（CSJ: Corpus of Spontaneous Japanese）

概 要： 日本語の自発的な話し言葉を収録し、多くの研究用情報を付与した大規模音声コーパス。独話（モノローグ）を中心に、約 661 時間、752 万語分の話し言葉を収録している。音声言語処理・自然言語処理における学習データとしての利用のほか、特に自発的な話し言葉の言語学的な研究で幅広く利用されている。

a. 構築者・公開時期： 科学技術振興調整費開放的融合研究制度研究課題「話し言葉の言語的・パラ言語的構造の解明に基づく「話し言葉工学」の構築」（1999〜2003 年度）において構築された。国立国語研究所、通信総合研究所（当時）、東京工業大学、京都大学などの共同開発による。1999〜2003 年の構築期間、モニター公開を経て、2004 年に完成・公開。

b. 構築方法： 元来は自発音声を対象とした音声認識技術の精度向上を目的として、音響モデル・言語モデルの構築を念頭に、世界最高水準の音声データベースとして設計された。「学会講演」「模擬講演」と呼ばれる 2 種類の独話（モノローグ）が録音され、多様な研究用情報がアノテーションされた。また、対話（インタビュー、課題指向対話）や朗読なども独話との対照用に収録されている。

c. **サイズ**： 約661時間、752万語。

d. **内部構成**： CSJ全体の約90%は、「学会講演」「模擬講演」という2種類の独話によって構成されている。

• **学会講演**（APS: academic presentation speech）： 各種学術学会における研究発表の録音

• **模擬講演**（SPS: simulated public speaking）： 一般話者による日常的話題についての講演の録音

また、「その他の講演」や、独話との比較のための「対話（インタビュー、課題指向対話、自由対話）」「朗読」「再朗読」が収録されている。それぞれの音声タイプに収録されている話者人数（異なり）、時間数、語数の内訳は、以下の通り。

• 学会講演：819人、274.4時間、約3279万語
• 模擬講演：594人、329.9時間、約3606万語
• その他の講演：16人、24.1時間、約28万語
• 朗読・再朗読：264人、21.0時間、約20万語
• 対話：58人、12.2時間、約15万語

e. **収録時期**： 1999年から2002年にかけて、音声収録が行われた。

f. **書き手・話し手の属性**： 話し手の延べ人数は3302人、異なり人数は1417人。学会講演・模擬講演について、話し手（異なり）の性別と年齢の分布を表2に示す。

学会講演では、男性の大学院生が発表者の多数を占めるため、20代の男性が顕著に多くなっている。模擬講演は、性別・年齢のバランスがほぼ均等になるように調整されている。

g. **アノテーション**： 収録された音声データに対して、多数の研究用情報が付与

表2 CSJにおける話し手の性別と
年齢の分布（単位：人）

	学会講演		模擬講演	
	女性	男性	女性	男性
10代	0	0	5	0
20代	65	361	285	212
30代	55	222	194	177
40代	34	130	147	136
50代	13	70	143	136
60代以上	4	21	136	144
不明	2	10	0	0
合計	173	814	910	805

されている。特に、CSJ 全体のうち「コア」と呼ばれる約 50 万語分のデータに対して
は、より多くの研究用情報が付与されている。

CSJ 全体には、以下の情報が付与されている。

- **転記テキスト**：音声を精密に書き起こしたテキスト
- **形態論情報（短単位・長単位）**：2 種類の形態論的単位に関する情報（自動解析）
- **節単位情報**：統語的・意味的にまとまった発話単位に関する情報（自動解析）
- **印象評定データ（単独評定）**：音声が聞き手に及ぼす印象の主観的評定結果
- **話者情報**：講演話者の属性

さらに「コア」に対しては、以下の情報が付与されている。

- **形態論情報（短単位・長単位）**：2 種類の形態論的単位に関する情報（人手修正済み）
- **分節音情報**：母音や子音に関するラベリング情報
- **韻律情報**：イントネーションに関するラベリング情報
- **節単位情報**[*]：統語的・意味的なまとまりを備えた発話単位に関する情報（人手修正済み）
- **印象評定データ（集合評定）**[*]：複数の評定者による 7 段階の主観的評定データ
- **係り受け構造情報**[*]：文節間の係り受け関係に関する情報
- **要約・重要文情報**[*]：講演内容の重要な部分を選択した情報
- **談話境界情報**[**]：話し手の意図を推測して談話構造を区分した情報

[*]はコアに含まれる独話に、[**]はコアに含まれる独話のうち 40 ファイルにのみ、それぞれ付与されている。

h. 検索方法： 第 1 刷は、全データを同梱した 18 枚組の DVD-ROM で提供された。現在はウェブ上の検索アプリケーション「中納言」で検索できるほか、第 9 刷のデータとして USB メモリ 1 本（128 GB）が提供されている（有償）。また、全文検索システム「ひまわり」用に CSJ パッケージが公開されている。さらに、CSJ-RDB (Ver. 2.0) が公開されており、リレーショナルデータベースとして利用できるようになっている（付録 2 参照）。

i. 参照 URL・参考文献

1. CSJ ウェブサイト：https://clrd.ninjal.ac.jp/csj/
2. 国立国語研究所 (2006)『国立国語研究所報告書 124 日本語話し言葉コーパスの構築法』、国立国語研究所

『日本語日常会話コーパス』（CEJC: Corpus of Everyday Japanese Conversation）

概 要： さまざまな場面における自然な日常会話をバランスよく収録したコー

パス。約 200 時間、240 万語分の、多様な話者による日常会話を収録している。音声だけでなく、映像付きであることから、会話における話者間の状況、視線やうなずき、ジェスチャーなどの研究にも利用できる。

a. 構築者・公開時期：　国立国語研究所共同研究プロジェクト「大規模日常会話コーパスに基づく話し言葉の多角的研究」(2016〜2022 年) において構築された。2016〜2021 年度の構築期間、モニター公開を経て、2022 年 3 月に完成・公開。

b. 構築方法：　CEJC は、以下の 3 点を特徴とする（小磯ほか、2023）。

1) 日常生活で実際に交わされる会話を対象とすること
2) 多様な場面における多様な話者による会話をバランスよく格納すること
3) 映像まで含めて公開すること

このうち「バランスよく格納する」という点を実現するために、日本語母語話者が日常的に交わす会話の実態を調べる「一日の会話行動に関する調査」（会話行動調査）が事前に実施された。調査で得られた「会話の属性」（会話形式や会話の長さ）、「会話状況の属性」（会話の行われた時間帯や場所、活動）、「調査協力者」（性別や年代、職業）などの結果は、日常会話の実態を反映する指標としてコーパスの設計に反映されている。

c. サイズ：　約 200 時間、240 万語。

d. 内部構成：　「個人密着法」「特定場面法」という 2 通りの収録方法で集められた日常会話で構成されている。「個人密着法」は 40 名の調査協力者が自身の日常生活における多様な場面の会話を収録してきたもの（185 時間）、「特定場面法」は個人密着法では収録が難しい場面を調査者が主体となり収録したものである（15 時間）。

また、会話の種類として「雑談」「用談・相談」「会議・会合」「授業・レッスン」が区分されており、「中納言」ではこれらを区別した検索が可能になっている。それぞれの会話時間・語数の内訳は、以下の通り。

- **雑談**：138.0 時間、166 万語
- **用談・相談**：38.9 時間、45 万語
- **会議・会合**：19.1 時間、26 万語
- **授業・レッスン**：4.2 時間、5 万語

e. 収録時期：　2016 年から 2020 年にかけて、日常会話の収録が行われた。

f. 書き手・話し手の属性：　話し手の延べ人数は 1675 人、異なり人数は 862 人。話し手（異なり）の性別と年齢の分布を表 3 に示す。

g. アノテーション：　収録された映像・音声データに対して、多数の研究用情報が付与されている。特に、CEJC 全体のうち「コア」と呼ばれる約 20 時間分のデータに対しては、より多くの研究用情報が付与されている。

CEJC 全体には、以下の情報が付与されている。

表3 CEJC における話し手の性別と年齢の分布（単位：人）

年齢	女性	男性
～9歳	7	27
10代	46	71
20代	123	123
30代	163	121
40代	150	100
50代	164	108
60代	100	119
70代以上	50	72
不明	74	57
合計	877	798

- **転記テキスト**：音声を精密に書き起こしたテキスト
- **形態論情報（短単位）**：形態論的単位に関する情報（人手修正済み）
- **形態論情報（長単位）**：形態論的単位に関する情報（自動解析）
- **会話・話者に関するメタ情報**：会話・話者に関する情報

さらに「コア」に対しては、以下の情報が付与されている。

- **係り受け情報**：文節間の係り受け関係に関する情報
- **談話行為情報**：談話行為情報を発話単位ごとに人手で付与したもの
- ***韻律情報**：イントネーションに関するラベリング情報

 *方言の使用状況や音声の質を考慮して選別した152名の発話に付与されている。

h. 検索方法： ウェブ上の検索アプリケーション「中納言」で検索できるほか、全文検索システム「ひまわり」用に CEJC パッケージが公開されている。さらに、CEJC-RDB（SQLite 版）が公開されており、リレーショナルデータベースとして利用できるようになっている（付録2参照）。

i. 参照 URL・参考文献

1. CEJC ウェブサイト：https://www2.ninjal.ac.jp/conversation/cejc.html
2. 小磯花絵・天谷晴香・居關友里子・臼田泰如・柏野和佳子・川端良子・田中弥生・伝康晴・西川賢哉・渡邊友香（2023）「『日本語日常会話コーパス』設計と特徴」、『国立国語研究所論集』**24**、153-168
3. 小磯花絵・土屋智行・渡部涼子・横森大輔・相澤正夫・伝康晴（2016）「均衡会話コーパス設計のための一日の会話行動に関する基礎調査」、『国立国語研究所論集』**10**、85-106

付録1　日本語コーパスの開発史と現状　　*165*

『昭和話し言葉コーパス』（SSC: Showa Speech Corpus）

　概　要：　1950年代から1970年代にかけて国立国語研究所で収集されていた録音資料を再編し、新たに研究用情報をアノテーションしたコーパス。約44時間（17時間分の独話、27時間分の会話）、53万語を収録する。CSJ、CEJCと連結することにより、「通時音声コーパス」としての利用・分析が可能となっている。過去の音源を収集・再編してコーパス化した事例は、世界的に見ても多くない。

　a.　構築者・公開時期：　JSPS 16 H03426「『昭和話し言葉コーパス』の構築による話し言葉の経年変化に関する実証的研究」（2016〜2020年）、および国立国語研究所共同研究プロジェクト「大規模日常会話コーパスに基づく話し言葉の多角的研究」（2016〜2022年）において構築された。2016〜2021年度の構築期間、モニター公開を経て、2022年3月に完成・公開。

　b.　構築方法：　過去の録音資料をコーパス化して、現代の話し言葉コーパスと連結して利用することで、話し言葉の経年変化を探るための「通時音声コーパス」を実現することを目的として構築された。音声データとして収録されているのは、1950年代〜1970年代に当時の国立国語研究所で録音されていた自然談話資料（独話、会話）である。1990年代にデジタルデータ化されていた音声データを収集・再編し、新規に転記テキスト、形態論情報などのアノテーションを実施した。

　c.　サイズ：　約44時間、53万語。

　d.　内部構成：　約17時間分の独話（約18万語）と、約27時間分（約35万語）の会話から構成されている。独話は、国立国語研究所で開催されていた講演会や、記念式典での挨拶、祝辞などを録音したもの。会話は、市井の人々の日常会話を録音したもの。

　e.　収録時期：　1952年から1974年にかけて、音声が収録された。

　f.　書き手・話し手の属性：　独話の話者（異なりで50人）は、国語学者を中心に、国文学者、政治家、官僚などが含まれる。氏名、性別、生年、出生地、居住地、職業など、詳細な話者情報が提供されている。会話の話者（異なりで343人）は市井の人々であり、詳細が不明な場合も多い。話者情報は、性別、年齢、出生地、居住地、職業などを含む（推定値も含まれる）。なお、独話の話者50人のうち、女性は1名のみである。これは、当時の国立国語研究所員の大半が男性だったことによるものと考えられる。

　g.　アノテーション：　以下の情報がアノテーションされている。

- **転記テキスト**：音声を精密に書き起こしたテキスト
- **形態論情報（短単位）**：形態論的単位に関する情報（人手修正済み）
- **会話・話者に関するメタ情報**：会話・話者に関する情報

　h.　検索方法：　ウェブ上の検索アプリケーション「中納言」で検索できるほか、

全文検索システム「ひまわり」用に SSC パッケージが公開されている。さらに、「『昭和話し言葉コーパス』関連データ」として、以下のデータが無料で公開されている。

音声ファイル、転記テキスト（tsv 形式、TextGrid 形式）、形態論情報データ、メタデータ（録音資料に関する情報、話者情報など）、全文検索システム「ひまわり」による検索環境

i. 参照 URL・参考文献

1. SSC ウェブサイト：https://www2.ninjal.ac.jp/conversation/showaCorpus/
2. 丸山岳彦・小磯花絵・西川賢哉（2022）「『昭和話し言葉コーパス』の設計と構築」、『国立国語研究所論集』**22**、197-221

『日本語諸方言コーパス』（COJADS: Corpus of Japanese Dialects）

概　要：　日本各地の方言の談話音声を収録した、日本語の方言コーパス。収録されている音声は、文化庁が 1977〜1985 年に実施した「各地方言収集緊急調査」で収録された方言談話を利用している。標準語と方言の両方で検索できるようになっている点が特徴。約 97 時間、136 万語。

a. 構築者・公開時期：　JSPS 科研費 16 H01933「日本語諸方言コーパスの構築とコーパスを使った方言研究の開拓」（2016〜2021 年）、JSPS 科研費 21 H04351「日本語諸方言コーパスによる方言音調の比較類型論的研究」（2021〜2025 年）、および国立国語研究所共同研究プロジェクト「消滅危機方言の調査・保存のための総合的研究」（2010〜2015 年度）、「日本の消滅危機言語・方言の記録とドキュメンテーションの作成」（2016〜2021 年度）において構築された。2019 年にモニター版の公開開始、2022 年 3 月に正式公開。現在も開発継続中。

b. 構築方法：　文化庁が 1977〜1985 年に実施した「各地方言収集緊急調査」で収集された方言談話の音声データを利用し、日本で初めての全国の諸方言を収めたコーパスとして構築された。標準語で検索してそれに対応する方言形が閲覧できるよう、標準語テキストと方言テキストが文節単位でアライメントされた、パラレルコーパスとして設計されている。標準語テキストは形態素解析され、短単位による検索ができる（文字列検索も可能）。方言テキストは文字列検索のみ可能。

c. サイズ：　約 97 時間、136 万語。

d. 内部構成：　全国 47 の各都道府県における、特定の市町村（2 か所以上の場合もある）で録音した方言談話が収録されている。収録時間は、群馬県で 9.5 時間、鳥取県で 5 分など、地点によって大きく異なる。全体が「自然談話」「場面設定」「語り」という 3 種類のジャンルに分けられているが、全体の 90% 以上を「自然談話」が占める。

e. 収録時期：　文化庁が 1977〜1985 年に実施した「各地方言収集緊急調査」で

収集された方言談話の音声。収集時期は各地で異なる。

f. 書き手・話し手の属性： 各地点とも、その地点に長く居住した、おおむね60歳以上の男女。話者人数は地点により異なり、男女各1名の地点から男女合わせて6名の地点まで幅がある。「中納言」の検索結果では、話者の情報（仮名、性別、年齢、生年）が表示される。

g. アノテーション： 以下の情報がアノテーションされている。

●**転記テキスト：** 方言音声を精密に書き起こしたテキスト。方言の検索を支援するために、フィラー、人称代名詞、対応する標準語がない方言要素、方言固有のオノマトペなど、15種類のタグが付与されている。さらに、方言テキストに対応する標準語テキストが付与されている。

●**形態論情報（短単位）：** 形態論的単位に関する情報（標準語テキストのみ）

●**メタデータ：** 話者属性（ID、生年、年齢、性別）、談話属性（ジャンル、話題）、収録場所、収録年月日などの情報

h. 検索方法： ウェブ上の検索アプリケーション「中納言」で検索できるほか、以下のデータが有償または無償で提供されている。

メタ情報付きテキストデータ（CSV・Excel形式）、音声データ（有償版のみ）、TextGridデータ（有償版のみ）

また、全文検索システム「ひまわり」の変換パッケージを利用することで、CSVファイルを「ひまわり」で検索することもできる。

i. 参照URL・参考文献

1. COJADSウェブサイト：https://www2.ninjal.ac.jp/cojads/
2. 木部暢子・佐藤久美子・中西太郎・中澤光平（2017）「『日本語諸方言コーパス』の構築について」、『言語資源活用ワークショップ発表論文集』**1**、57-68
3. 佐藤久美子・上村健太郎・木部暢子（2024）「日本語諸方言コーパス（COJADS）を用いた研究法—COJADSの特徴・利用方法と研究実例—」、『方言の研究』**10**、203-222

『多言語母語の日本語学習者横断コーパス』（I-JAS: International Corpus of Japanese as a Second Language）

概　要： 日本を含む20の国と地域で、異なる12言語を母語とする日本語学習者1000人分の話し言葉および書き言葉を収集した、最大規模の日本語学習者コーパス。各被験者の日本語能力テスト（J-CAT、SPOT）の結果が提供されており、レベル別、母語別の分析が可能になっている。ストーリーテリング、ロールプレイ、対話、ストーリーライティング、エッセイなど、多様なタスクが設定されており、さらに日本語母語話者50人分のデータも含むため、同じタスクに対する母語話者・非母語話者の産

出結果が比較できるように構成されている。

a. 構築者・公開時期： 国立国語研究所基幹型共同研究「多文化共生社会における日本語教育研究」（2009〜2016年）、国立国語研究所機関拠点型基幹研究プロジェクト「日本語学習者のコミュニケーションの多角的解明」（2016〜2022年）、JSPS科研費24251010「海外連携による日本語学習者コーパスの構築—研究と構築の有機的な繋がりに基づいて—」（2012〜2016年）、JSPS科研費16H01934「海外連携による日本語学習者コーパスの構築および言語習得と教育への応用研究」（2016〜2020年）において構築された。2012年に構築開始、2016年に日本語能力レベルを考慮した学習者210名、母語話者15名から構成される第1次データ公開、2020年3月に第5次データまでが出そろい、完成・公開。

b. 構築方法： 迫田ほか（2020）から引用する（pp. 9-10）。

> 「日本語学習者の文法習得を研究する」ためのデータ収集を目的に掲げ、できるだけ広く利用できるような計画を立てた。（中略）その方針は、「より多くの学習者のデータを収集する」「学習環境の違いを観点に入れる」「統一のテストを受験させて、レベルを明確にする」などであった。

c. サイズ： 約800万語（学習者の発話・作文に限ると約460万語）。

d. 内部構成： 以下の12の「タスク」が設定されている（語数は学習者の産出した発話・作文に限る）。

- **ストーリーテリング**：2タスク、2100サンプル、約36万語
- **対話**：1050サンプル、約317万語
- **ロールプレイ**：2タスク、2100サンプル、約54万語
- **絵描写**：757サンプル、約33万語
- **ストーリーライティング**：2タスク、2100サンプル、約23万語
- **メール文**：3タスク
- **エッセイ**：1タスク

e. 収録時期： 2013年から2016年にかけて、海外17か国20か所および日本国内の日本語教育機関10か所での調査を実施した。

f. 書き手・話し手の属性： 以下の言語を母語とする日本語学習者のデータが収録されている（**は200人、*は100人、無印は50人）。

> 中国語**、韓国語*、タイ語、ベトナム語、インドネシア語、英語*、ドイツ語、フランス語、スペイン語、ロシア語、ハンガリー語、トルコ語

なお、参加した学習者の多くは学生で、女性が男性のほぼ2倍となっている。また、上記以外に、日本国内での学習環境によって「教室環境」（100人）、「自然環境」（50人）のデータがある。さらに、日本語母語話者（50人）のデータも含む。

g. アノテーション：　以下の情報がアノテーションされている。

● **転記テキスト：**　音声を精密に書き起こしたテキスト。形態素解析の精度向上や利用者に有益な情報を提供するために、フィラー、ポーズ、活用の誤り、発音が不明瞭な箇所、意味不明な語など、10 種類のタグが付与されている。

● **形態論情報（短単位）：**　形態論的単位に関する情報

h.　検索方法：　ウェブ上の検索アプリケーション「中納言」で検索できる。また、学習者の発話の音声データ、転記テキスト、作文のプレーンテキストなどをダウンロードすることができる。

　さらに、I-JAS で実施した一部のタスクを 5 か国の母語話者（69 名）が自らの母語で実施したデータが、『I-JAS 外国語母語話者コーパス』（I-JAS FOLAS）として別途公開されている。I-JAS に収録された日本語学習者のデータと比較できるように設計されている。「中納言」からダウンロード可能。

i.　参照 URL・参考文献

1. I-JAS ウェブサイト：https://www2.ninjal.ac.jp/jll/lsaj/
2. 迫田久美子・小西円・佐々木藍子・須賀和香子・細井陽子（2016）「多言語母語の日本語学習者横断コーパス International Corpus of Japanese as a Second Language」、『国語研プロジェクトレビュー』**6**(3)、93-110
3. 迫田久美子・石川慎一郎・李在鎬（編）（2020）『日本語学習者コーパス I-JAS 入門』、くろしお出版

付録2
リレーショナルデータベース概説

丸山岳彦・小磯花絵

1. RDB とは何か

　通常、コーパスには多くの研究用情報が付与されている。あるコンテンツに対して付与された情報（あるいは情報を付与する作業）を、アノテーションと呼ぶ。書き言葉コーパスの場合は「文字」が、話し言葉コーパスの場合は「音声」が、それぞれのコーパスにおける原コンテンツ（第一次的な言語データ）であるが、それらに対して多くの研究用情報（転記テキスト、時間情報、形態論情報、節単位情報、統語構造情報、韻律情報、文書構造・談話構造など）がアノテーションされることにより、コーパスの利用可能性が飛躍的に高まることになる。

　本書で紹介してきたコーパス検索方法のうち、「中納言」では、主として、形態素解析用辞書 UniDic で形態素解析された結果（形態論情報）を利用することにより、正確かつ柔軟な検索を実施することができた。しかしながら、中納言で利用できるアノテーションはごく一部に限られており、コーパスに付与されたアノテーションを全て利用できているわけではない。

　国立国語研究所で開発されたコーパス群（特に話し言葉コーパス）の中には、種々のアノテーションが "RDB (relational database)" の形で配布されているものがある。RDB とは、複数のテーブルの中に種々のアノテーションを格納し、互いのテーブルを関連付けることで必要な情報を取り出すためのデータベースのことである。この RDB を利用することにより、より多様なアノテーションを柔軟に利用することができる（小磯ほか、2021）。

　2004 年に一般公開された『日本語話し言葉コーパス』（CSJ）は、2013 年以降、50万語分の「コア」データに対して、各種アノテーションを格納した "CSJ-RDB" が提供されるようになっている。以下では、CSJ-RDB を利用するための基本的な情報を示し、CSJ-RDB を活用することでどのようなアノテーションを利用することができるかについて、無償で利用できるサンプル版のデータを用いて具体例を示す。なお、CSJ-RDB を研究に利用するためには、有償版 CSJ の購入が必要である点に注意されたい。

2. CSJ-RDB 利用環境の構築

2.1 DB Browser for SQLite のインストール

RDB 形式のデータを扱うためには、データベース管理ツールをインストールする必要がある。データベース管理ツールには有償・無償のものがあるが、ここでは、CSJ-RDB が準拠する SQLite を操作できる無償のソフトウェア DB Browser for SQLite（以下、DB4S と略記する）を利用することにする。なお、DB4S は Windows、macOS、Linux などに対応しているが、ここでは Windows での利用を想定する。DB4S のウェブサイト（https://sqlitebrowser.org/）から、DB4S の最新版をダウンロードして、インストールする。

2.2 CSJ-RDB の読み込み

ここでは、ウェブ上で無償公開されている「CSJ-RDB Version 2.0 サンプル版」のデータを利用する。このデータは、「コア」に含まれる 201 の講演のうち、2 講演分のデータ（約 28 分）を収めたものである。なお、有償版の CSJ を購入すると、一連のデータ群の中に "RDB" フォルダがあり、その中にある csj.db を DB4S に読み込むと、201 の講演（約 45 時間分）の「コア」全体を検索・集計することができる。繰り返すが、CSJ-RDB（ここで用いるサンプル版を含む）を研究に利用するためには、有償版 CSJ の購入が必要である点に注意されたい。

手順 1

国立国語研究所学術情報リポジトリ（https://doi.org/10.15084/00003292）から、「CSJ-RDB Version 2.0 サンプル版」を含む csj-rdb.zip をダウンロードする。同梱されている csj_sample.zip を展開すると、フォルダ "csj_sample" が得られるので、PC 上の任意の場所に置く。

手順 2

DB4S を起動し、メニューの「ファイル」→「データベースを開く」から、フォルダ "csj_sample" 内の csj_sample.db を開く（有償版の CSJ を購入している場合は、"RDB" フォルダ内の csj.db を開く）。

手順 3

「SQL 実行」タブをクリックし、SELECT * FROM segSUW と入力して、実行ボタンを押す（または Ctrl + Enter を押す）。図 1 の画面が表示されれば、「CSJ-RDB Version 2.0 サンプル版」の読み込みが正常に完了している。

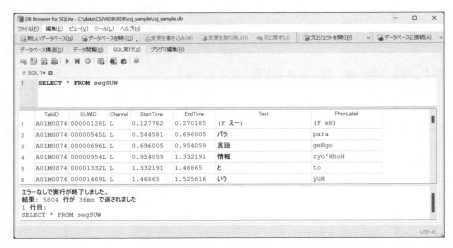

図1 「CSJ-RDB Version 2.0 サンプル版」で検索を実行した画面

3. RDB の基礎と CSJ-RDB の構成

3.1 RDB および SQL の基礎

　RDB は、先述の通り、複数のテーブルの中に種々の情報を格納し、互いのテーブルを関連付けることで必要な情報を取り出すためのデータベースである。例として、以下のテーブル1（学生名簿）とテーブル2（テスト得点）から情報を検索することを考えよう。適切な検索式（後述する SQL 文）を指定することにより、例えば、テーブル1（students）から性別が「男性」の行のみを抽出したり（①）、テーブル2（score）をテーブル1と「学籍番号」で関連付けて、性別が「男性」の学生について氏名と各教科の得点を一覧にしたり（②）、性別が「女性」の学生について各教科の合計点を

テーブル1：students（学生名簿）

	学籍番号	氏名	性別
1	GN22-001	小山 佑輔	男性
2	GN22-002	伊藤 小夏	女性
3	GN22-003	田村 大和	男性
4	GN22-004	関 菜緒子	女性
5	GN22-005	遠藤 光	男性
6	GN22-006	川野 真鈴	女性
7	GN22-007	足立 希美	女性

テーブル2：score（テスト得点）

	学籍番号	英語	国語	数学
1	GN22-001	78	89	65
2	GN22-002	90	82	72
3	GN22-003	74	84	94
4	GN22-004	85	90	62
5	GN22-005	87	92	88
6	GN22-006	90	95	80
7	GN22-007	65	70	93

集計したり（③）することができる。

"SQL（structured query language）"は、RDBを操作するためのデータベース言語である。SQL文を書くことで、テーブルに格納された情報を柔軟に検索・集計することができる。SQL文の基本構造は、以下のように表せる（絞り込み条件がない場合、WHERE以下は省略できる）。

```
1   SELECT ［列名1］, ［列名2］
2   FROM ［テーブル名］
3   WHERE ［絞り込み条件］
```

上記の例で挙げた①を検索するためのSQL文は、以下のように表せる。

① テーブル"students"から、「性別」列が「男性」のレコードについて、「氏名」列と「性別」列の情報を示せ。

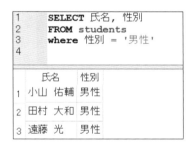

また、複数のテーブルを結合（join）して、関連付けたテーブル群から必要な情報を取り出すことができる。同一の情報（共通するキー）を持つ列名を＝で結ぶことによって、［テーブル1］と［テーブル2］を関連付ける。

```
1   SELECT ［テーブル1.列名1］, ［テーブル2.列名1］, ［テーブル2.列名2］
2   FROM ［テーブル1］
3   INNER JOIN ［テーブル2］ on ［テーブル1］.［列名1］ = ［テーブル2］.［列名1］
4   WHERE ［絞り込み条件］
```

② テーブル"students"と"score"を学籍番号で関連付け、男性に絞り込んだ上で、「氏名、英語、国語、数学」の順に列を並べよ。

174 付録2 リレーショナルデータベース概説

```
1  SELECT students.氏名, score.英語, score.国語, score.数学
2  FROM students
3  INNER JOIN score ON students.学籍番号 = score.学籍番号
4  WHERE 性別 = '男性'
```

	氏名	英語	国語	数学
1	小山 佑輔	78	89	65
2	田村 大和	74	84	94
3	遠藤 光	87	92	88

③ テーブル"students"と"score"を学籍番号で関連付け、女性に絞り込んだ上で、氏名と、英語・国語・数学の合計点を示せ。

```
1  SELECT 氏名, 英語+国語+数学 AS 合計点
2  FROM students
3  INNER JOIN score ON students.学籍番号 = score.学籍番号
4  WHERE 性別 = '女性'
```

	氏名	合計点
1	伊藤 小夏	244
2	関 菜緒子	237
3	川野 真鈴	265
4	足立 希美	228

3.2 CSJ-RDB の構成

次に、CSJ-RDB の構成について示す。CSJ-RDB は、「セグメント・テーブル」「非整列セグメント・テーブル」「親子関係テーブル」「リンク・テーブル」「メタ情報テーブル」に分類されるテーブル群によって構成されている。主要なテーブルの一覧を表1～表5に示す。

表1 セグメント・テーブル

セグメント・テーブル	
segClause	節単位
segBunsetsu	文節
segIP	イントネーション句
segAP	アクセント句
segIPU	ポーズ区切り単位
segLUW	長単位
segSUW	短単位
segMora	モーラ
segPhoneme	音素
segPhone	分節音

表2 非整列セグメント・テーブル

非整列セグメント・テーブル	
subsegLUW	長単位
subsegSUW	短単位

付録2　リレーショナルデータベース概説　　*175*

表3　親子関係テーブル

親子関係テーブル	
relBunsetsu2Clause	文節・節単位
relLUW2Clause	長単位・節単位
relSUW2Clause	短単位・節単位
relLUW2Bunsetsu	長単位・文節
relSUW2Bunsetsu	短単位・文節
relSUW2AP	短単位・アクセント句
relMora2AP	モーラ・アクセント句

表4　リンク・テーブル

リンク・テーブル	
linkDepBunsetsu	文節間の係り受け関係
linkTone2AP	トーンとアクセント句

表5　メタ情報テーブル

メタ情報テーブル	
infoTalk	談話基本情報
infoSpeaker	話者基本情報

　これらのテーブルを相互に関連付けることにより、各テーブルに格納されているアノテーション情報を柔軟に取り出し、分析に用いることができる。

4.　CSJ-RDB を利用した検索・集計の事例

　以下では、「CSJ-RDB Version 2.0 サンプル版」を使って検索・集計する事例を2つ紹介する。最初は難解に見えるかもしれないが、SQL 文を入力して実行し、その挙動を確かめつつ、自身でアレンジを加えていくとよい。

4.1　フィラーの集計

　CSJ-RDB において、フィラーは、（F えー）のように "F" タグが付与されている（小磯ほか、2006）。テーブル segSUW の Text 列から "(F" で始まるレコードに絞り込むことで、フィラーの一覧を取り出すことができる。以下の SQL 文にある「LIKE '(F%'」は、"(F" で始まるレコードを表す。

```
1    SELECT TalkID, Text
2    FROM segSUW
3    WHERE Text LIKE '(F%'
```

	TalkID	Text
1	A01M0074	(F えー)
2	A01M0074	(F あ)
3	A01M0074	(F えー)
4	A01M0074	(F ま)
5	A01M0074	(F あのー)
6	A01M0074	(F あの)

ここで集計関数 COUNT を使うと、検索結果を集計することができる。「GROUP
BY」はレコードをグループ化するために用いる。以下の例では TalkID と Text（フ
ィラーの語形）ごとにグループ化して集計している。また「ORDER BY [列名]」は検
索結果の頻度を降順で表示するために用いる。DESC は逆順ソートを表す。

```
1  SELECT TalkID, Text, COUNT(Text) AS freq
2  FROM segSUW
3  WHERE Text LIKE '(F%'
4  GROUP BY TalkID, Text
5  ORDER BY TalkID, freq DESC
```

	TalkID	Text	freq
1	A01M0074	(F えー)	89
2	A01M0074	(F あの)	11
3	A01M0074	(F え)	8
4	A01M0074	(F まー)	7
5	A01M0074	(F その)	5
6	A01M0074	(F あのー)	5
7	A01M0074	(F あ)	5

さらに以下の SQL 文では、男女ごとのフィラーの違いを集計することができる。性
別の情報は、話者情報をまとめたテーブル infoSpeaker に記録されている。segSUW
と結合するには、以下のように TalkID と SpeakerID を持つテーブル infoTalk を間に
入れる必要がある。

```
1  SELECT Text, infoSpeaker.SpeakerSex, COUNT(*) AS freq
2  FROM segSUW
3  INNER JOIN infoTalk ON segSUW.TalkID = infoTalk.TalkID
4  INNER JOIN infoSpeaker ON infoTalk.SpeakerID = infoSpeaker.SpeakerID
5  WHERE Text LIKE '(F%'
6  GROUP BY segSUW.Text, infoSpeaker.SpeakerSex
```

検索結果の画面をクリックして、Ctrl キーと "a" を同時に押して全選択し、さら
に右クリックして「ヘッダーを含めてコピー」を選択すると検索結果をコピーできる。
新規に Excel を起動し、結果を貼り付けた上でピボットテーブルでクロス表にまとめ、
男女の合計値の高い順に並べると、次の通りとなる。

合計 / freq	列ラベル		
行ラベル	女	男	総計
(F えー)	3	89	92
(F まー)	38	7	45
(F あのー)	37	5	42
(F あの)	25	11	36
(F その)	7	5	12
(F ま)	7	4	11
(F え)		8	8

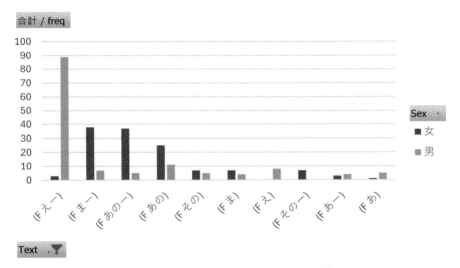

図2 フィラーの分布（男女別、上位10位）

ここからさらにグラフを作成すれば、図2のような集計結果が得られる。

CSJ_sample.db に含まれるのは男女2名の講演であり、それぞれ語数は3000前後とほぼ同じである。グラフからは、男性が「えー」を多用している一方、女性は「まー」「あの（ー）」を多用しており、個人によって異なるフィラーの使用傾向を見て取ることができる。

4.2 イントネーションの分析

次に、発話末尾に現れる終助詞「ね」「よ」のイントネーションを分析してみよう。CSJ-RDB には、句末のイントネーション（句末境界音調）に関わる情報として、以下のラベルが付与されている（五十嵐ほか、2006）。

- L%（下降調）：ピッチが句末にかけて下降する音調
- H%（上昇調1）：ピッチが句末で単純に上昇する音調
- LH%（上昇調2）：上昇の前に低いピッチが持続される音調
- HL%（上昇下降調）：ピッチが上昇したのち下降する音調
- HLH%（上昇下降上昇調）：ピッチが上昇・下降した後再び上昇する音調

　発話の末尾に現れる終助詞「ね」「よ」の句末境界音調を検索するためには、複数のテーブルを結合することが必要になる。発話の末尾の情報は「節単位 segClause」、終助詞の情報は「短単位 usegSUWMorph」、句末境界音調の情報は「アクセント句 segAP」という単位基本情報テーブルにそれぞれ格納されている。さらに、これらを関連付けるために、親子関係テーブルを利用する。これは階層関係にあるテーブルA（子）とB（親）を結合するために用意されるテーブルで、relA2Bという名称になる。TalkIDと、各単位固有のID（segSUWであればSUWID）をキーに、単位テーブルと親子関係テーブルを結合できる。上記の分析でテーブル間の結び付きを結合に利用するキーとともに図示すると、図3のようになる。全てに共通するTalkIDは省略する。

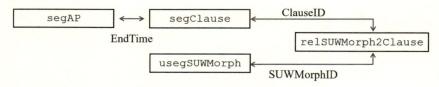

図3 結合するテーブル群の組み合わせ

　ここで以下のSQL文を実行すると、終助詞「ね」または「よ」で終わる発話末の句末境界音調を集計することができる（なお、ここではcsj_sample.dbではなくcsj.dbの学会講演・模擬講演を検索した結果を示す）。テーブル名の後に"AS"で別名（短縮名）を付けることができる。relSUWMorph2Clauseテーブルに格納されている"len"は当該の節単位に含まれる短単位の数を、"nth"はその節単位中における当該の短単位の生起位置を、それぞれ表す。lenとnthの数を一致させることで、節単位の末尾に現れた短単位を指定できる（短単位については小椋（2006）を、節単位については丸山ほか（2006）を参照）。また、segClauseのEndTimeとsegAPのEndTimeを"="で結ぶことにより、「節単位末尾に来るアクセント句」を抽出している。

```
1   SELECT SUWLemma, FBT, COUNT(*) AS freq
2   FROM segClause AS c
3   INNER JOIN relSUWMorph2Clause AS r
4     ON r.TalkID = c.TalkID AND r.ClauseID = c.ClauseID
5   INNER JOIN usegSUWMorph AS s
6     ON s.TalkID = r.TalkID AND s.SUWMorphID = r.SUWMorphID
7   INNER JOIN segAP AS a
8     ON c.TalkID = a.TalkID AND c.EndTime = a.EndTime
9   WHERE SUWMiscPOSInfo1 = '終助詞'
10    AND SUWLemma GLOB '[ねよ]'
11    AND c.TalkID GLOB '[AS]*'
12    AND r.nth = r.len
13    AND FBT GLOB '[HL]*'
14  GROUP BY SUWLemma, FBT
15
```

	SUWLemma	FBT	freq
1	ね	H%	937
2	ね	HL%	96
3	ね	L%	86
4	ね	LH%	18
5	よ	H%	29
6	よ	HL%	25
7	よ	L%	72
8	よ	LH%	2

　この結果を Excel にペーストし、グラフを作図すれば、図4のようになる。

　グラフからは、「ね」が上昇調（H%）で発話される割合が多いのに対して、「よ」が下降調（L%）で発話される割合が多く、さらに上昇下降調（HL%）は「よ」の側に多い、という実態を確認することができる。

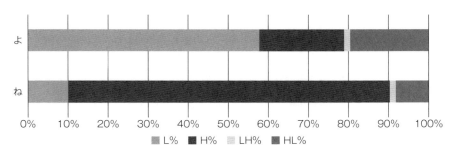

図4　発話末尾に現れる「ね」「よ」の句末境界音調の分布

参 考 文 献

五十嵐陽介・菊池英明・前川喜久雄（2006）「第7章 韻律情報」、国立国語研究所『日本語話し言葉コーパスの構築法』、347-453

小椋秀樹（2006）「第3章 形態論情報」、国立国語研究所『日本語話し言葉コーパスの構築法』、133-186

国立国語研究所（2006）『日本語話し言葉コーパスの構築法』、国立国語研究所

小磯花絵・伝康晴・前川喜久雄（2021）「『日本語話し言葉コーパス』CSJ-RDB Version 2.0 利用の手引き」国立国語研究所

小磯花絵・西川賢哉・間淵洋子（2006）「第2章 転記テキスト」、国立国語研究所『日本語話し言葉コーパスの構築法』、23-132

丸山岳彦・高梨克也・内元清貴（2006）「第5章 節単位情報」、国立国語研究所『日本語話し言葉コーパスの構築法』、255-322

使用ソフトウェア

DB Browser for SQLite
　https://sqlitebrowser.org/

使用データ

「CSJ-RDB Version 2.0 利用の手引き（サンプル版付き）」
　https://doi.org/10.15084/00003292

索　引

欧　文

age-grading　35
BCCWJ（現代日本語書き言葉均衡コーパス）　26, 47, 67, 152, 154
BNC（British National Corpus）　152
CEJC（日本語日常会話コーパス）　13, 162
CHJ（日本語歴史コーパス）　136, 157
COJADS（日本語諸方言コーパス）　166
CSJ（日本語話し言葉コーパス）　13, 103, 152, 160
CSJ-RDB　170
DB Browser for SQLite　171
disfluency　88
filled pause　88
filler　88
fragment　88
hesitation　88
I-JAS（多言語母語の日本語学習者横断コーパス）　167
JASWRIC（小中高大生による日本語絵描写ストーリーライティングコーパス）　153
J-TOCC（日本語話題別会話コーパス）　153
『KY コーパス』　152
lexical diffusion　40
NINJAL-LWP for BCCWJ

（NLB）　47
RDB　170
repetition　88
segmental dissimilation　41
SHC（昭和・平成書き言葉コーパス）　139, 159
SP レコード　148
spontaneous speech　88
SQL 文　173
SSC（昭和話し言葉コーパス）　140, 148, 165
stable variation　37
The Survey of English Usage　152
UniDic　26, 157

ア　行

アノテーション　17, 18, 151, 170
――のガイドライン　22

言い誤り　16
言い直し　16, 18
言い淀み　88
位相研究　66, 72
一段活用動詞　25
意味分析　51
意味ラベル　18, 20
イントネーション　177

受身　26

置き換え　16
音の脱落　107, 108
音声研究　13
音節　42

――の引き延ばし　88

カ　行

書き言葉　26, 30
書き言葉コーパス　151
カ行変格活用　25, 40
学会講演　161
活用型　26
可能　26
可能形　25
可能動詞　26, 63
上一段活用　40
間投助詞　16
慣用句　46

記述的な文法研究　5
共起　49

繰り返し　16, 88

形態素　108
形態素解析　26
経年変化　123, 133, 136, 147
　音声の――　136
　語彙の――　136
　文法の――　136
言語変異　25, 30
言語変化　25, 30, 66, 85
検索の速度・正確さ　2, 3
『現代日本語書き言葉均衡コーパス』（BCCWJ）　26, 47, 67, 152, 154

コア　26
語彙拡散　40
語彙素　27, 38, 54

索　引

語彙調査　6, 151
後部歯茎音　114
構文の成立条件　24
国立国語研究所　6, 13, 151
語形　63, 109
語順・話線の混乱　16
個人の内省　6
語断片　16, 88
国会会議録　35, 122, 123,
　138
『国会会議録』パッケージ
　123
語の選択誤り　16
コーパス　1
コーパス言語学　1
コーパス準拠型の辞典　21
誤用　25
コロケーション　46

サ　行

再現可能性　2, 3, 152
さ入れ言葉　40
サ行変格活用　42

歯茎音　114, 118
実時間性　15, 17
実時間調査　33
自発　26
自発音声　104, 107
自発性　104, 107
自発発話　88
下一段活用　40
社会的位相　72
終助詞　140, 145
出現頻度　28
出版サブコーパス　155
『小中高大生による日本語
　絵描写ストーリーライテ
　ィングコーパス』
　（JASWRIC）　153
使用頻度　40

『昭和話し言葉コーパス』
　（SSC）　140, 148, 165
『昭和・平成書き言葉コーパ
　ス』（SHC）　139, 159
助動詞　26

数量的研究　25
スタイル　32, 109
　改まった——　71
　カジュアルな——　71

節単位　95
全文検索システム「ひまわ
　り」　123

挿入　16
粗頻度　28, 80
尊敬　26

タ　行

『多言語母語の日本語学習
　者横断コーパス』（I-JAS）
　167
多重的な節連鎖構造　17
男女差　36
男女別　93, 141, 177
短単位検索　27

「中納言」　11, 26, 53, 67, 90,
　103, 137, 153
調音位置　115
調音点　115
調音法　115
調査者の内観　94
調整頻度　81
沈黙　16

追加　16
通時音声コーパス　141
通時コーパス　137, 147

定型表現　46
定常的変異　37
データの大規模性　2
データの有限性　3, 4

同語異語判別　54
動詞の長さ　37
特定目的サブコーパス　156
図書館サブコーパス　155

ナ　行

『日本語諸方言コーパス』
　（COJADS）　166
『日本語日常会話コーパス』
　（CEJC）　13, 162
『日本語話し言葉コーパス』
　（CSJ）　13, 103, 152, 160
『日本語歴史コーパス』
　（CHJ）　136, 157
『日本語話題別会話コーパ
　ス』（J-TOCC）　153

年齢階層化　35

ハ　行

発音エラー　16
撥音化　111, 115, 119
発音のなまけ　107, 115
発話生成プロセス　89, 95
発話の中断　16
話し言葉　13, 26, 30
話し言葉コーパス　151
バリエーション　8, 65
　語形の——　8, 65
　発音の——　14, 65, 103
　表記の——　8, 65
　文法形式の——　8, 65,
　　67, 76, 123
破裂音　115

索　引

引き延ばし　16
　　音節の——　88
非文の非在　3
ピボットテーブル　11, 28,
　　36, 56, 69, 76, 91, 106,
　　113, 137, 141, 176
比率　29
非流暢性　15, 88

フィラー　16, 88, 148, 175
フィルター　59
分節音の異化　41

閉鎖音　115
変異理論　66

母音
　　——の質　42
　　——の弱化　108
　　——の前後　42

　　——の高さ　42
母数　98

マ　行

見かけ時間調査　33
乱れ　25

無声化　108
無声子音　116

『名大会話コーパス』　26

模擬講演　161

ヤ　行

有声子音　116
ゆれ　8, 65
　　発音の——　15

様式的位相　72
用例カード　6
用例収集　7

ラ　行

ら抜き言葉　25

リレーショナルデータベー
　　ス　170

類義表現　8, 65, 75

レジスター　7, 31, 60, 70,
　　80
れ足す言葉　43

朗読音声　104, 107

著 者 紹 介

（　）内は担当章

編著者

丸山岳彦 （まる やま たけ ひこ）
専修大学国際コミュニケーション学部教授
（第1章、第4章、第7章、付録1、付録2）
神戸市外国語大学大学院外国語学研究科単位取得退学、博士（学術）
専門はコーパス日本語学。これまで日本語コーパスの設計・構築に従事してきたほか、話し言葉コーパスを用いた非流暢性の分析にも取り組んでいる。
主な著書／論文　『流暢性と非流暢性』（共編著、ひつじ書房、2024年）、「『昭和話し言葉コーパス』の設計と構築」（共著、『国立国語研究所論集』22、2022年）、「非流暢で自然な日本語——コーパス言語学の観点から」（鎌田修監修代表、鎌田修・由井紀久子・池田隆介編、『日本語プロフィシェンシー研究の広がり』、ひつじ書房、2022年）

著者

佐野真一郎 （さ の しんいちろう）
慶應義塾大学商学部教授　　（第2章）
上智大学大学院外国語学研究科言語学専攻博士後期課程修了、博士（言語学）
専門は音声学・音韻論、社会言語学。コーパス・実験による言語理論の仮説検証、言語使用・言葉のゆれに関する定量的研究を行っている。
主な著書／論文　"Cue-specificity of contrastive hyperarticulation: Evidence from the voicing contrast in Japanese"（共著、*Phonology* **40**、近刊）、*Oxford Handbook of the Japanese Language*（分担執筆、Oxford University Press、近刊）、『基礎日本語学』（分担執筆、ひつじ書房、2019年）

茂木俊伸 （も ぎ とし のぶ）
熊本大学大学院人文社会科学研究部教授　　（第3章）
筑波大学大学院博士課程文芸・言語研究科修了、博士（言語学）
専門は日本語学。コーパスを使った現代日本語の文法・語彙の研究に取り組んでいる。
主な著書　『一語から始める小さな日本語学』（共著、ひつじ書房、2022年）、『日本語と世界の言語のとりたて表現』（共著、くろしお出版、2019年）、『現代の語彙—男女平等の時代』（共著、朝倉書店、2019年）

渡辺美知子 （わたなべ み ち こ）
早稲田大学理工学術院総合研究所招聘研究員　　（第5章）
東京大学大学院新領域創成科学研究科修了、博士（科学）
専門は、音声科学、コーパス言語学、話し言葉における非流暢性。
主な論文　「後続句の複雑さが文節境界におけるフィラーの出現率に与える影響」（共著、『音声研究』18(1)、2014年）、「『日本語話し言葉コーパス』と対照可能にデザインされた英語話し言葉コーパスにおけるフィラーの分布の特徴」（共著、『国立国語研究所論集』12、2017年）、"Filled pauses as cues to the complexity of upcoming phrases for native and non-native listeners"（共著、*Speech Communication* **50**(2)、2008年）

著者紹介

小磯花絵 国立国語研究所研究系教授 （第6章、付録2）

奈良先端科学技術大学院大学情報科学研究科博士後期課程修了、博士（理学）

専門は、コーパス言語学、言語資源学、コミュニケーション科学。

主な著書／論文 「『日本語日常会話コーパス』を活用した研究の可能性」（『語用論研究』**25**、2024年）、「書き言葉・話し言葉における縮約形の実態―コーパスに基づく分析を通して」（窪薗晴夫・朝日祥之編『言語コミュニケーションの多様性』、くろしお出版、2022年）

コーパスで学ぶ日本語学
日本語の文法・音声　　　　　　　　　定価はカバーに表示

2025 年 3 月 1 日　初版第 1 刷

編　者　丸　山　岳　彦

発行者　朝　倉　誠　造

発行所　株式会社　朝　倉　書　店

東京都新宿区新小川町 6-29
郵便番号　　162-8707
電　話　03 (3260) 0141
ＦＡＸ　03 (3260) 0180
https://www.asakura.co.jp

〈検印省略〉

© 2025 〈無断複写・転載を禁ず〉　　　　　　　教文堂・渡辺製本

ISBN 978-4-254-51653-1　C 3381　　　　Printed in Japan

JCOPY ＜出版者著作権管理機構 委託出版物＞

本書の無断複写は著作権法上での例外を除き禁じられています．複写される場合は，
そのつど事前に，出版者著作権管理機構（電話 03-5244-5088，FAX 03-5244-5089，
e-mail: info@jcopy.or.jp）の許諾を得てください．